本书由北京市联德律师事务所资助

知识产权审判逻辑与案例

反不正当竞争卷

TRIAL LOGIC AND CASES OF INTELLECTUAL PROPERTY RIGHTS

主　　编　管育鹰
执行主编　张　鹏

法律出版社 LAW PRESS · CHINA
——北京——

图书在版编目（CIP）数据

知识产权审判逻辑与案例. 反不正当竞争卷 / 管育鹰主编. -- 北京 : 法律出版社, 2021
ISBN 978 - 7 - 5197 - 5946 - 9

Ⅰ. ①知… Ⅱ. ①管… Ⅲ. ①反不正当竞争-经济法-审判-案例-中国 Ⅳ. ①D923.405

中国版本图书馆 CIP 数据核字(2021)第 190834 号

知识产权审判逻辑与案例(反不正当竞争卷)
ZHISHICHANQUAN SHENPAN LUOJI YU ANLI
（FANBUZHENGDANGJINGZHENG JUAN）

管育鹰　主编

策划编辑　沈小英
责任编辑　刘晓萌
装帧设计　汪奇峰

出版发行　法律出版社
编辑统筹　法治与经济出版分社
责任校对　毛镜澄
责任印制　吕亚莉
经　　销　新华书店

开本　710 毫米×1000 毫米　1/16
印张　14　　**字数**　196 千
版本　2022 年 1 月第 1 版
印次　2022 年 1 月第 1 次印刷
印刷　固安华明印业有限公司

地址:北京市丰台区莲花池西里 7 号(100073)
网址:www.lawpress.com.cn
投稿邮箱:info@lawpress.com.cn
举报盗版邮箱:jbwq@lawpress.com.cn

销售电话:010 - 83938349
客服电话:010 - 83938350
咨询电话:010 - 63939796

书号:ISBN 978 - 7 - 5197 - 5946 - 9
定价:68.00 元
凡购买本社图书,如有印装错误,我社负责退换。电话:010 - 83938349

顾　　问： 吴汉东　李明德　程永顺　唐广良
主　　编： 管育鹰
执行主编： 张　鹏

撰 稿 人：（按姓氏拼音排序）
李阁霞　魏立舟　曾　俊　张传磊
张浩然

序一

德国文学家歌德在其诗篇《浮士德》中说过，理论是灰色的，生命之树长青。这是比喻理论与生活的关系。如果借用此句式，我们可以说，法律条文是灰色的，而案例才是长青的。因为，正是一系列来自社会经济生活的案例和判决，赋予相关的法律条文以生命。

在知识产权的保护方面，案例或者相关的判决，显然发挥着更为重要的作用。这是因为，无论是文学艺术领域和科学技术领域的创新活动，还是商业标识涉及的市场竞争活动，都有其自身的规律，难以由法律条文予以界定。因此，当文学艺术和科学技术领域出现了新的创新成果，当商业竞争活动出现了新的商业模式，甚至当侵权活动呈现了新的样态时，都会首先反映在相关的案件中。至于法院或者法官，也会通过案件的审理，作出保护与否或者侵权与否的判决。与此相应，对于来自创新领域和商业竞争领域的最新问题，最先作出回应的通常是相关的案例和判决。

当然，法律条文对于创新和市场竞争所带来的挑战，绝非无动于衷。一方面，随着创新性司法判决的作出，立法机关会在必要的时候修订法律，将案例所确立的规则予以法典化。当然，也不排除在某些情况下，立法机关会否定某些案例所确立的规则，另行设立新的规则。另一方面，立法机关也总是积极行为，通过修订法律的方式，对创新领域和市场竞争活动带来的挑战作出回应。因此，至少在知识产权的保护方面，就形成了创新和市场竞争活动推动司法和立法，然后由司法和立法作出应对的态势。

关于案例与立法的关系，英美法系和大陆法系有不同的做法。英美法系是判例法体系，很多法律规则总是先由相关的司法判决予以确定，然后对市场主体的创新和竞争活动进行规范。一些法律规则甚至仅仅存在于判例法中。例如，英国关于作品独创性的“劳动、技能、判断、努力”的判定标准，就是见于相关的判决中，而非《英国版权法》中；美国关于专利侵权的等同原则，一直存在于相关的判例法中，而非《美国专利法》中。当然，当判例法所确立的法律规则相对成熟的时候，立法机关也会将其纳入相应的制定法中。例如，美国关于“合理使用”的法律规则，就是由司法创立而最终纳入了《美国版权法》第 107 条中；美国关于专利帮助、教唆、引诱侵权的法律规则，也是由司法创立，并且最终纳入了《美国专利法》第 271 条中。

欧洲大陆法系是成文法体系，相关的法律规则主要见之于制定法中。根据大陆法系的传统，当市场主体的创新和竞争活动出现了新样态时，法院或者法官应当最大限度地解释既有的法律规则，然后予以规范。在这方面，即使是一个名词术语的解释，都有可能将创新或者竞争活动的新样态容纳进来。例如，对于“文字作品”作出宽泛解释，就可以将计算机程序和数据汇编纳入著作权法的保护范畴内；对于“技术发明”作出宽泛解释，又可以将有生命的生物方面的发明，纳入发明专利的保护中，而非仅限于无生命领域的技术发明。在通常情况下，这种宽泛的甚至是扩大性的解释，同样可以对市场主体创新和竞争活动所提出的新问题，作出必要的回应。

大体来说，在司法判例与法律条文方面，英美法系采纳了逻辑学上的“归纳法”，而欧洲大陆法系则采纳了“演绎法”。按照归纳法，或者从个别到一般的方法，英美法系通常是经由个别的判决创设新的规则，然后予以总结和上升到一般性的法律条文中。而按照演绎法，或者从一般到个别的方法，大陆法系则总是将法律条文中的规则，尽可能宽泛地适用于具体的案例之中，并且在必要的时候依据技术、市场和司法的发展，修订相应的法律条文。毫无疑问，英美法系的归纳法和大陆法系的演绎法，来自各自的司法、立法传统，来自各自的经济社会发展传统，甚至是来自各自的哲学思维传统。对此，难以由第三人作出孰优孰劣的判断。

起源于英国的判例法传统和起源于欧洲大陆的成文法传统，在其历史进程中被传播到了世界各地。大体来说，英国的前殖民地国家，如美国、加拿大、澳大利亚、新西兰、南非等，接受了英美的判例法传统。而其他的很多国家，如俄罗斯、巴西、日本、中国，则接受了大陆法系的成文法传统。然而，在国际交往频繁的今天，那些接受了英美判例法传统的国家，可能会受到欧洲大陆成文法传统的影响，进而注重成文法的制定；而那些接受了欧洲大陆成文法传统的国家，也会受到英美判例法传统的影响，甚至在具体的判决中突破既有的法律规则，日本和中国近年来的发展实践就说明了这一点。

然而，就案例的撰写而言，中国的司法判决又与欧美国家有巨大的差别。例如，美国各级法院作出的判决，通常会在澄清事实、证据的前提下，讨论双方当事人争论的法律问题，进而澄清有关的法律术语、规则的含义，甚至创设新的法律规则；欧盟法院有关知识产权纠纷的判决，也是在相关事实、证据清楚的前提下，讨论具体指令、条例中的法律术语和法律问题，进而为成员适用相关的法律规定提供指导。然而，中国的司法判决，较重视阐述当事人的纠纷、事实、证据，以及对于纠纷、事实、证据的评判。

就一个专利纠纷案件的审理而言，法官为了作出相关的判决，必须查清事实和鉴别证据。而在发达国家，这个工作应当是在庭审之前就完成了的。具体来说，双方当事人，包括各自的律师或者代理人，应当在庭审之前，就相关的证据和事实予以澄清，就相关的法律问题作出归纳和初步讨论，然后将不能达成一致的法律问题，交由法官审查和作出判决。因此，很多纠纷在进入庭审之前就得以解决了。因为，随着对相关证据和事实的澄清，随着对相关法律问题的讨论，双方当事人已经可以初步判断案件的最终结果。

在我国的法院系统，判决书中最有价值的往往是最后的“本院认为”部分。法院在这个部分会援引相关的法律规定，分析双方当事人在相关法律问题上的争议，进而得出侵权与否的结论。但在几十页的判决书中，相对于澄清、评述案件事实、证据的部分而言，这个部分稍显单薄。

或许，随着司法改革的深入进行，我们可以改变一下案件的审理方式和判决书的撰写方式。例如，有关案件事实的查清、证据的交互质询，可以经由庭前会议，在法官助理的主持下予以解决；双方当事人的律师或者代理人，可以在庭前会议中，提炼出一些应当由法院作出判决的问题。这样，在法官主持的庭审中，双方当事人可以聚焦于法律问题的辩论，包括法律术语、条文的具体含义，以及在本案中的适用。显然，在法律规则清晰、案件事实清楚的前提下，由法官作出侵权与否，或者是非曲直的判决，并非难事。同时，由于双方当事人和法院都是聚焦于相关的法律问题，由此而形成的判决书，也必然会将很大的篇幅用于阐释法律规则。

将判决书的撰写重心，从案件事实、证据、纠纷裁判，转移到法律问题的讨论和法律规则的澄清，可以成为我们目前进行的司法改革的一个方面。

李明德*

写于 2021 年 5 月 26 日

---

* 中国社会科学院知识产权中心名誉主任。

序二 判例评释的意义[1]

在日本法学界，传统上存在一种与学术论文不同，被命名为“判例评释”的独立研究体裁。虽然这种研究体裁都通称为“判例评释”，但事实上其中又包含不同的类型。本文介绍的“判民型”判例评释方法，事实上也并非在日本法学研究者间取得共识的研究方法。坦白地说，“判民型”仅在毕业于东京大学法学政治学研究科的民事法学者，以及毕业于我曾执教的北海道大学法学研究科知识产权法学者间成为主流的研究方法。[2] 从日本法学研究者的整体情况来看，采用“判民型”的人数所占比例极低，特别是在知识产权领域业已成名成家的学者中也很少撰写“判民型”的判例评释。

尽管“判民型”判例评释方法只是在数量有限的学者间取得了一定共识，但其能够确定下来也是有相应的存在理由的。同时，我受到曾在我门下学习的本书编委的启发，感觉将日本的“判民型”判例评释方法介绍给中国读者并非完全没有意义的一件事，因此特撰写小文一篇，求教于大方之家。

---

〔1〕 本文是以2018年12月26日日本商标协会成立30周年纪念研讨会上作者的主旨发言为基础撰写的，由中国社会科学院知识产权中心专职研究员张鹏翻译。特别感谢北海道大学法学研究科博士课程的清水纪子女士为作者校阅了依据作者演讲录音形成的本文初稿。

〔2〕 例如，在知识产权法学研究领域，由我担任主编的《知识产权法政策学研究》杂志中所发表的大量案例评释就都是采取“判民型”方法撰写的(特别是在由我指导的学生)。

一、判例法理提炼技巧的具体实例

如果仅仅是抽象地论述判例评释的方法论，可能难以向读者传递其中的奥妙。为了给读者留下一个具体印象，下文我将以日本最高法院就商标近似性所作的两个判决为素材进行论述。

(一) 最高法院“里拉宝塚”案

首先我将介绍的是“リラタカラヅカ”[1]案(“里拉宝塚”案，最判昭和38.12.5民集17卷12号1623页)，该案属于商标申请驳回复审行政纠纷案件。该案诉争商标和引证商标如下：

诉争商标

引证商标

最高法院在该案判决中，首先进行了抽象性论述，即“在追求简单快捷的交易实践中，如果将一个商标的各组成部分分割开来独立进行观察并不会被认为在交易实践中显得很不自然，也就是说，这种商标并不被认为是各组成部分不可分割的商标，那么并不总是需要通过整体的音形义来确定该商标的音形义的。经验法则告诉我们，仅以商标中的某个组成部分来确定音形义，或一个商标中产生了不止一个音形义也是很常见的事……但是，在这种情况下，即使一个商标的音形义与他人商标的音形义不相同或不相近似，如果该商标某个组成部分的音形义与他人商标相近似，则将两个商标理

〔1〕“リラタカラヅカ”的发音为“LYRA TAKARAZUKA”，其中“リラ”作为一种乐器的名称，中文翻译为“里拉”；“タカラヅカ”(TAKARAZUKA)部分的发音与日文汉字“宝塚”相同。——译者注

解为是相近似的也是合理的。”

为了更好地理解上述抽象论述的意义，特别有必要进一步将案件事实与抽象论述结合起来考察。为此，判决指出：“原审判决确定的事实如下：诉争商标的图形为古希腊弦乐器‘里拉’，在指定商品肥皂上，该图形并不为交易相关者所熟知；与此相对照，‘宝塚’这一文字在日本则具有明确的含义，普通人也对该二字十分熟悉，同时，诉争商标所使用的‘宝塚’二字位于商标整体的正中部位，采取的是普通字体，这样极易被读取，并作为独立的部分吸引相关公众的注意力。那么，在这样的事实下，原审判决并未将‘里拉’图形和‘宝塚’文字视作不可分割地结合在了一起，也就是说商标的两个组成部分并未达到如果将其分割开来独立进行观察会被认为在交易上显得很不自然的程度。正因如此，诉争商标在‘リラタカラヅカ’的音形义之外，也至少会形成对其构成部分‘宝塚’音形义的认识，在此基础上原审法院得出，诉争商标在以第四类肥皂为指定商品的情况下，与引证商标‘宝塚’在音形义上相近似的结论，这在理论上是不存在违法性的。”

如上所述，日本最高法院在“里拉宝塚”案判决中，肯定了对所谓的“组合商标”应采取分离观察的方法来进行近似性的判断。

（二）最高法院“堤村小型人形玩偶店”案

与“里拉宝塚”案相对照，在“つつみのおひなっこや”[1]案（“堤村小型人形玩偶店”案，最判平成20.9.8判時2021号927页，该案为商标无效复审行政纠纷案）中，最高法院作出了商标并不近似的判决。[2] 在知识产权高等法院原审判决［知財高裁平成19.4.10平成18（行ケ）10532］中则认为，作为

---

〔1〕“つつみ”发音对应的日文汉字为“堤”，“堤”为地名，指代的是仙台市青叶区堤村，该地域以生产黏土人形玩偶而自江户时代就已闻名日本。“の”即“的”之意；“おひなっこ”为“小型人形玩偶”之意。“や”（屋）为商店之意。故该日文名称所表示的意思为：堤村小型人形玩偶店。——译者注

〔2〕关于该案的判例评释请参考：鈴木將文［判批］ジュリスト1376号307～308頁（2009年）、許清［判批］知的財産法政策学研究34号407～426頁（2009年）。

无效宣告程序请求对象的注册商标“つつみのおひなっこや”与引证商标“つゝみ”及“堤”近似,因此作出了注册商标无效的判断。但是最高法院认为,仅以“つつみ”这一文字部分进行对比就得出两商标相近似的结论并不妥当,因此推翻了原审判决。

诉争商标(指定商品为“黏土玩偶”及“陶瓷玩偶”)

つつみのおひなっこや

引证商标 1(指定商品为“黏土玩偶”)

つゝみ

引证商标 2(指定商品为“黏土玩偶”)

堤

最高法院的判旨对“组合商标”进行了抽象性论述:“对由多个组成部分构成的‘组合商标’,仅在某一部分作为商品或服务的来源识别标记给相关公众带来强烈的支配性印象,或者另一部分并不产生作为来源识别标记的音形义的情况下,才允许提取商标构成部分中的某一部分,仅将这部分与他人的商标进行比较,进行商标相似性的判断。在其他情况下,这种对比方法都是不允许的(请参考‘里拉宝塚’与‘SEIKO EYE’两案)。”

也就是说,在该案抽象论中并未采取分离观察法,而是采取了整体判断的原则。接下来最高法院又将该案的事实关系嵌入抽象论进行了分析:“在诉争商标的构成中,其名称包含与两个引证商标发音相同的‘つつみ’字样,但诉争商标‘つつみのおひなっこや’文字以标准字体横向书写,其中每个字符的大小和字体都是一样的,并且在同一行上等间隔地表现了出来,因此对相关公众来说是很难仅仅单独提取‘つつみ’字样而吸引其注意力的。此外,根据本案事实,引证商标均于 1991 年注册,但上诉人(诉争商标权利人)

的祖父最迟于1981年就开始制造堤村小型人形玩偶。在诉争商标所指定商品的相关公众间,至少在本案无效宣告时点,'堤村人形玩偶'作为在仙台市堤村制造的人形玩偶已经为公众所熟知。即使诉争商标构成中的'つつみ'字样作为地名或人名使人联想到'堤村'或者'堤村人形玩偶'中的'堤村',但是依据原审认定的事实,在本案无效宣告时点,不能够认为'つつみ'字样已经超出上述使人联想到作为地名的'堤村'的程度,而作为商品或服务的来源识别标记给指定商品的相关公众带来强烈的支配性印象。此外,诉争商标构成中的'おひなっこや'文字部分,即使在全国范围内已经在诉争商标指定商品的相关公众之间形成了作为制造和销售小型人形玩偶及其相关商品的店铺的认识,但是'おひなっこや'并不是一般用来形容'小型人形玩偶店'的通用词汇,一般认为它是一个臆造的词汇。因此,不能说'おひなっこや'部分是与黏土人形玩偶等密切相关的通用性和一般性的文字表达,也不能说这部分缺乏来源识别能力。"

也就是说,应该进行比较的是"つつみ"字样与"つつみのおひなっこや"字样整体,两者主要的不同点在于"おひなっこや"部分,而"おひなっこや"部分被认定为臆造词汇,因此诉争商标和引证商标并不近似。

(三)应遵从"堤村小型人形玩偶店"案中的抽象论划定本案射程

关于上述两案判决,作为判例法理来说,到底"里拉宝塚"案是否被"堤村小型人形玩偶店"案推翻成为争议的焦点。如果仅仅着眼于判旨文义,是可以读出"里拉宝塚"案采取的是以分离观察为原则,而"堤村小型人形玩偶店"案则以整体观察为原则的。

事实上,知识产权高等法院原法官宍户充先生就持"里拉宝塚"案被"堤村小型人形玩偶店"案推翻的观点。"本案('堤村小型人形玩偶店'案)中,虽然原审判决是根据'里拉宝塚'案所述'尊重简单快捷的商业交易实践'所形成的经验规则,通过分离观察作出的,但是在考察了本案的实际交易情况后发现并不存在使得分离观察正当化的事由。而最高法院的判决则是在整理了先例的基础上，明确指出了分离观察可以适用的情况，在不满足这些情况时应适用整体观察方法。因此，明确指出整体观察和分离观察在适用条件上的区别正是本案最高法院判决的特征所在"；"'SEIKO EYE'案、'小僧寿司'案以及'堤村小型人形玩偶店'案三案的原审判决都是在'里拉宝塚'案判旨的指引下采取的分离观察法，但在最高法院阶段对此均予以否定，并明确指出了应以整体观察为原则，分离观察为例外进行判断。"[1]

（四）应通过"堤村小型人形玩偶店"案具体的事实关系来限定本案射程

此外，也存在与上述观点完全不同的观点，即"堤村小型人形玩偶店"案仅仅是因特殊事实关系导致的例外判决，并不意味着最高法院否定了"里拉宝塚"案所持以分离观察为原则的观点。持此种观点的代表性人物就是知识产权高等法院原法官饭村敏明先生。他指出："最高法院在推翻原审判决时，即使只是针对一个个案而作出的判决……但是对之后遇到类似案例的下级法院来说，如果他们扩大解释最高法院判旨的适用范围，进而否定原审法院所采取的'判断方法''取舍选择方法'等抽象论，在大多数情况下，都会阻碍妥当判断的得出……最高法院判决是在特殊的事实关系下才否定仅将'つつみ'部分拿出来进行比较的，进而得出诉争商标与引证商标并不相近似的结论的，因此该案是具有强烈个案色彩的例外判决。"

在此基础上，饭村法官又举了一个扩大解释最高法院"堤村小型人形玩偶店"案判旨适用范围的例子。在"A gatha Naomi"案（東京地判平21・2・27判タ1297号262页，该案为侵权诉讼中的商标近似性判断）一审判决中，法院否定了原告主张的将被控侵权标识"A gatha Naomi"中"A gatha"部分单拿出来与原告注册商标"Agatha"进行比较的主张。对此，饭村法官作为

〔1〕宍户充「最高裁判例にみる商標の類否の本質」パテント70巻10号59頁（2017年）。这里所说的"SEIKO EYE"案与"小僧寿司"案将在后文中详尽论述。

该案二审法官推翻了一审的判断，认为两商标近似［知財高判平 21. 10. 13 平成 21(ネ)10031］。[1]

（五）小结

在上文介绍的两种相对立的观点中，宍户先生所持的观点就是对判决中抽象论的部分特别予以重视，这种分析方法就是下文将详细介绍的“民商型”判例评释方法；而饭村先生所持的观点则更加重视案件事实与判决结论之间的关系，这种分析方法就是“判民型”判例评释方法。当然，在“判民型”判例评释方法中也存在完全不在乎法院在判决中所述抽象理由的类型，这种类型被称为“彻底的判民型”判例评释方法。[2] 需要指出的是，在“判民型”与“民商型”之间并不存在非黑即白的界限。他们的区别仅在于，根据判例评释所欲达到的目的的不同，采取某种立场可能更合适实现判例评释研究的目的而已。对于这方面的问题，我将在下文详细论述。

二、判例分析的方法——判民型 vs. 民商型

（一）判例评释的目的为何？

在讨论判例评释的方法论时，非常有必要理解何为判例评释的目的。

判例评释的目的之一是将判决作为论文看待，将判决中的判旨作为学说的一种进行批判性研究。一般实务界人士所撰写的判例评释都是出于这种目的，同时，学者撰写的判例评释从比例上看可能也多是出于这种目的。

---

〔1〕 飯村敏明「商標の類否に関する判例と拘束力—最三小判昭和43年2月27日判決を中心にして」Law&Technology52号52～53頁(2011年)。

〔2〕 “判民型”与“民商型”的区别主要是通过口头代代流传的，很少有详尽探讨的文献。在仅有的文献中，大村敦志等编辑的《民法研究指引》［大村敦志他『民法研究ハンドブック』(2000年·有斐閣)305～343頁］中的论述最为详尽。下文我的论述就是接受了包括上述著作执笔者之一的大村敦志先生为代表的诸位先进的口头传授，或是阅读他们撰写的判例评释受到启发，并经过我反复咀嚼之后才向下一代青年学者传授的。正因本是同根生，所以本文所论述的内容与上述著作所论述的内容并没有太大的不同。

坦白地说，如果没有接受过判例评释方法论的专业训练，很有可能以这种形式写出案例评释。当然这种体裁也并非一无是处，也是一种可以成立的研究手段。无论是否冠以判例评释之名，包括我在内，在撰写论文时也会将判旨作为学说的一种予以引用与检讨。但是本文在专门探讨判例评释的方法论的情况下，继续论证此种思考方法的话就显得毫无意义了。如果将判旨与一般论文等同视之，也就没有必要讨论在论文之外为什么要单独设立一种“判例评释”的研究体裁了。

判例评释的另一目的在于对将来类似案件的判决结果予以预测。假设法院刚刚作出一个新的判决，那么在这个新的判决中法院到底是追随了既有判例的论理，还是添加了新的内容，抑或是完全否定了既有判例的论理？只有在将新的判决准确定位于既有的判例法理的基础上，才可以预测到将来遇到新的类似案件法院是否会继续该案的论理，还是将该案视作一个例外的案例而不予遵从。这就是所谓天气预报式的判例评释，也可以说是对实务最有价值的一种研究方法。我在撰写实务类书籍时，经常从这个角度分析案例。

判例研究的第三个目的在于将自身的观点融入其中以便对将来的判例施加影响。在讨论判例评释的方法论时，这可能是学者们最为热衷的方法了。

谈到这个问题，我总是会引用刑法大师平野龙一博士文章中的论述，即“判例研究的难点就在于，要准确地把握对判决进行批评的‘魂’。而这需要一定‘阅历’的积累……当然，不乏有人一上手就摸门儿了，即使是悟性差一点的人，也会在经历了岁月的磨砺后，渐渐地摸门儿。不过，对于那些从没有接受过此类训练的人来说，他们所撰写的判例研究或法解释论文章，就总会给人一种不得要领的感觉……当然，学者并不应该为实务所左右，必须与实务保持一步之遥……将自己置于一步之遥处进行批判才是学者的职责所在，也是判例评释的使命所在……然而，我们很难知道这一步到底要走多远，这也正是难点所在……如果将自己置于离案件5步或10步之外的话，那么写出来的东西不过是空洞的口号，将丧失对实务的影响力。到底将自己置于与案例多远的距离来进行批评，可能是判例研究中最令人苦恼的部分。”[1]

回想起来，在我作为一个新人步入学界之初，曾在某个研究会上被要求做一个判例评释。当时，我查了很多文献，花费了很大工夫，期待能够得到如潮的好评。但是结果事与愿违，汇报的反响并不是很好，被人指出了很多问题。实话实说，当时我并没有真正理解平野龙一博士所谓的判例评释的“魂”之所在，但现在我可以说我已经摸门儿了。所谓的“魂”之所在就是将自己置于“一步之遥”处进行的批评。也可以说是一种与案例“不即不离”的绝技。

举例来说，当你声称“这个案子判得很奇怪，竟然和我非常推崇的某个学说完全不一样”，这也恰恰说明了你所推崇的这个学说根本就没有纳入判例的“法眼”，也就相当于你自己宣称你并不想对判例施加任何影响。相反，当你声称“乍一看，这个判决似乎采用了某种理论，但如果你结合案件事实仔细阅读判决理由的话，你会发现它实际上采用了另一种理论”，虽然这听起来不免有些“换汤不换药”，但当实务界人士听到你的这种观点后并不认为这是“换汤不换药”的话，那说不定真的能起到影响实务的效果。作为学者，如果你太坚持像天气预报员一样准确预测实务的走向，那么你很可能不会对判例是否具有理论上的正当性品头论足；但如果你太脱离判例而大发宏论，那么你又会失去对实务的影响力。为此，将自己置于与实务“一步之遥”处的这种“不即不离”的绝技正是判例评释所追求的“魂”之所在。

---

〔1〕 平野龍一「判例研究の効用」同『刑法の機能的考察』(1984年・有斐閣)270~271頁。

(二)判民型

“判民型”判例评释就是为了实现“一步之遥”的“魂”之所在的方法。

“判民型”的名称源于东京大学民法判例研究会(现为民事法判例研究会)(简称“判民”)设立之初,末弘严太郎先生所倡导的判例研究方法。它是一种强调捕捉法院对具体事实关系所做判断的方法,而不是将判决中抽象的措辞单拿出来作为“判例”予以看待。下面,我想引用一下末弘先生对于这种研究意义的论述。

“直到大正中叶左右,许多学者都以‘判例批判’的名义,对判决理由中所采用的论理进行理论批判。这种研究将判决的理由与学者的学说等同视之,只是对判决进行抽象的批评而已。

“何为判决呢？判决的实质是……法院在裁判案件时所想象的法律规范……它既不是诸如大审院(或上诉法院)编写判例汇编的人提炼的,作为‘要旨’的部分中出现的那个东西,也不是判决理由中出于技术性动机而使用的理论说明。要想一窥其中的门道,首先要在判决整体中搞清楚之所以导致纠纷出现的具体事实关系的实质……然后,研究者需要在此基础上,从判决整体中推导出法官为其制定的法律规范。”[1]

在东京大学民事法判例研究会上汇报的判例评释以“最高法院民事判例研究”为题,发表在东京大学法学政治学研究科主编的《法学协会杂志》上。需要注意的是,并非所有在“最高法院民事判例研究”专题中发表的判例评释都属于“判民型”。由于在具有深厚的“判民型”传统的民事判例研究会上进行了汇报和讨论,因此这些文章较多的具有“判民型”色彩。同时,即使都称之为“判民型”,但是在多大程度上重视判决说理的问题上,到底是仅仅梳理了案件事实与结论的关系,还是也注重判决说理的过程,以及在什么

---

〔1〕 末弘厳太郎「判例の法源性と判例の研究探求」同『民法雑記帳(上)』(1980 年・日本評論社)29 頁[初出:法律時報 13 巻 2 =3 号(1931 年)]。

程度上予以重视等还是存在细微差别的。

(三)民商型

那么所谓的“民商型”判例评释方法又是什么呢？一般认为，它是指在京都大学法学研究科所编辑的《民商法杂志》上所刊登判例评释的研究方法。但是，也有质疑是否真的存在“民商型”这种判例研究方法的呼声。〔1〕《民商法杂志》上刊登的案例评释，事实上并不存在产生这种评释的民事法判例研究会。被约稿撰写案例评释的人，从惯例上看似乎排除了目前隶属于东京大学法学政治学研究科的学者，但不意味着排除那些毕业于东京大学法学政治学研究科的学者。因此，我作为东京大学法学部助手出身的学者，在我执教于北海道大学法学研究科时，也被《民商法杂志》约稿撰写过案例评释。当时，我自然是使用了“判民型”评释方法。这也进一步印证了，“民商型”判例研究方法并没有一种统一的风格。

话虽如此，与是否在《民商法杂志》上刊登无关，脱离案件的具体事实而抽象地围绕判决中所述理由进行批判的判例评释的确是真实存在的。“民商型”这一用语，就是用来指代并不是“判民型”判例评释方法时而被惯用的一个词语。在下文中，我也将在这一意义上使用“民商型”一词。

(四)在何种程度上重视判决中的抽象性论述

“判民型”因撰写者相异而存在细微的差别，“民商型”又并不存在统一的风格，所以我并不以“判民型”或“民商型”二分法为圭臬，转而将问题设定在进行判例评释时，特别是在论及判例的射程时，在何种程度注重对抽象论的探讨。此时，将有若干视点值得进一步探讨。

一是与如何理解判决的形成过程紧密相关的。假设一种极端的情况，一种理解的方法是法官在形成判决过程中已经先对具体的个案如何下结论

〔1〕　请参考：谷口知平/小橋一郎ほか「座談会・判例批評の方法論をめぐって(1)」民商法雑誌56卷1号103頁(1967年)。

有了判断,而判旨中的抽象论实际上是在此之后写上去的。假如这种理解符合实际情况,那么对判例射程的理解方法将必然采取“判民型”,特别是“判民型”中的“彻底的判民型”,即完全不考虑判旨中的抽象论。另一种理解的方法是法官在形成判决过程中是在所使用的抽象论的约束下作出判断的,这时在考虑判例射程时就需要注意判旨中的抽象论。

二是取决于对判例评释目的的理解。如果将判决作为学说的一种而进行批判的目的,那么在撰写判例评释时会采取“民商型”评释方法。相反,如果是抱着对实务有所影响的目的,在实现上述“不即不离”的绝技过程中,尽管在理论上不是必然如此的,但可能采取“判民型”评释方法会更加妥当。其原因在于可以增加具有操作可能性的道具,这样更容易引入概念的多义性。

另外,如果判例评释的目的是增加预测可能性,也就是撰写“天气预报式”的判例评释,那么从一般意义上看,可能既不是“判民型”也不是“民商型”。这一点很重要,语词在某些情况下是相当抽象的,具有多种解释方法,这个道理在解释判旨所使用的语词过程中也是共通的。例如,“堤村小型人形玩偶店”案判旨中提出的“组合商标”概念。尽管在“里拉宝塚”案判决中没有出现“组合商标”的字样,但在判决书中记载了原告主张本案为涉及“组合商标”的案件,同时一般也认为该案是“组合商标”的案例[1]。但是,仅仅因为使用了同一个词,也并不意味着“堤村小型人形玩偶店”案所指的“组合商标”和人们通常所指的“组合商标”(包括“里拉宝塚”案中的诉争商标)具有同一含义。那么,就有必要在考察了具体需要处理的商标到底是什么样的商标的基础上,判断“堤村小型人形玩偶店”案所述“组合商标”究竟是什么。

三是需要区分最高法院的判决和下级法院的判决来进行分析。日本最

---

〔1〕 请参考:吉井参也[判批]矢沢惇編『商号・商標・商号・不正競争判例百選』(1967 年・有斐閣)59 頁、鈴木/前掲注 2・307～308 頁、許/前掲注 2・414 頁。

高法院存在法院调查官的制度。现实运用的情况是为了给最高法院法官提供法律问题判断的辅助,一般担任调查官的均为下级法院的法官。[1] 最高法院的调查官会在梳理既有学说和判例的基础上,考虑相关先例对本案裁判及之后案例的影响,进而才给出判旨中的抽象性论述。[2] 而且,为了改变最高法院先前作出的判例,需要一个复杂的程序,也就是需要最高法院所有法官组成的大法庭来作出判决,而不是由3个小法庭作出(日本《法院法》第10条第3款),因此最高法院的法官在作出判决时必须意识到将来会形成何种样式的判例法理后才作出。总之,应有足够理由认真对待最高法院提出的抽象性论述。

与此相对应,下级法院一般并不存在调查官的制度(事实上知识产权案件还是有些区别的),同时地方法院一般采取独任制。法官平均受理的案件数是非常多的。[3] 由于没有专门审判部门,下级法院法官需要面对各种类型的案件。即使存在专门审判部门,由于法院采取的轮转制人事政策,法官通常会以3年为周期轮转到其他部门。这样可以想象,面对需要平行处理的200件案件,且所属领域多种多样,要求他们在彻底调查既有判例和学说的基础上,预先考虑如果采取了这样的抽象论会对将来案件产生何种的影响后作出判决,几乎是不可能完成的任务。至少在最高法院的调查官或者学

---

〔1〕 滝井繁男「最高裁審理と調査官」市川正人ほか他編『日本の最高裁判所 判決と人・制度の考察』(2015年・日本評論社)234~235頁。その現実に果たしている役割につき、同235~240頁、藤田宙靖[発言]「藤田宙靖先生と最高裁判所(1)」法学教室400号71~72頁(2014年)、市川正人「最高裁判所審理の現状と課題」同編・前掲206~208頁。

〔2〕 这些调查成果会以该案调查官的名义发表在《最高法院调查官判例解说》(「最高裁調査官判例解説」)上。知识产权类案件的话会很快发表在*Law & Technology*杂志上;其他案件的话一般会发表在《法律时报》(「法律時報」)上,并会按年度汇编成合集《最高法院调查官判例解说》由法曹会出版。

〔3〕 在大城市的法院经常是平行处理约200件的案件[例如,在第196回国会上法务委员会的最高法院事务总局局长中村愼就指出:作为受最高法院院长指派的东京地方法院民事审判部的法官,平均1位法官手头的案件数在2007年年底大概是190件,从2003年年底到2006年年底有170件到190件[第196回国会法務委員会第5号(平成30年3月30日,https://www.shugiin.go.jp/internet/itdb_kaigiroku.nsf/html/kaigiroku/000419620180330005.htm)]。

者的论文同等程度上进行这样详尽的调查是完全不可能的。鉴于下级法院的判决是在这样的制度限制下作出的,因此过分拘泥于判决的抽象论并讨论其对后来司法实践会有何影响是没有意义的。[1]

即使如此,并不意味着对下级法院判决进行研究毫无意义。

一方面,绝大多数案件下级审就是终审了,因此把握下级审的裁判倾向,如有必要尝试对其施加一些影响的话,将具有极高的实务价值。

另一方面,下级法院的判决为没有这种机会参与审判的研究者提供了一个绝佳的学习机会,因为它展示了一个面对具体案件事实作出判断的过程。往往是在一个具体的案例中才第一次注意到这样一个案例是否应该采纳这一抽象论,或者采纳这一抽象论是否会导致不利后果。此外,法官在法律论证的过程中也在费尽心血地填补既有讨论中的空白。而且,特别是在没有明确规则的情况下,当然也包含存在规则的情形,下级法院法官是极有可能通过利益衡量来裁判案件的。至少可以说,研究者更加重视对案件具体事实的各种因素的考量,这可能对分析案件更加有用。

考虑上述因素,重视具体事实与结论之间关系的判例研究方法,对下级法院的案例研究仍具有相当的价值。

三、具体应用

以下将在上述判例评释方法论相关问题意识的指引下,结合之前介绍

---

〔1〕 但在知产领域就不是这样了。知产案件即使在地方法院,也是和高等法院一样采取3位法官合议制审理的,同时知识产权案件不仅有专门审判庭,还存在所谓的“知产轮转”的法官职业路径。也就是在东京地方法院和大阪地方法院的知识产权专门审判部门、知识产权高等法院,以及作为最高法院调查官的法官均是审理知产案件经验十分丰富的法官[请参考田村善之「知財高裁大合議の運用と最高裁との関係に関する制度論的考察－漸進的な試行錯誤を可能とする規範定立のあり方－」同『知財の理論』(2019年・有斐閣)246~270頁]。相对来说,也孕育了应关注到判决中抽象论述的土壤。同时,知识产权高等法院的大法庭判决,甚至相比于最高法院的判决来说,其抽象论述对后续案件的影响力更大(见于田村前书第270页)。这样,特别是以知识产权高等法院大法庭判决为判例评释的对象时,一定要在注重抽象论的基础上开展评释工作。

的最高法院关于“组合商标”的判决进行分析。

首先作为头脑风暴，我们先完全不看判决中的抽象论，而是尝试仅分析案件事实与结论之间关系的“彻底的判民型”评释方法。在此基础上我们再来尝试一下关注抽象论的“普通的判民型”评释方法。

（一）先例的确定

1.“里拉宝塚”案

在之前述“里拉宝塚”案中，诉争商标并不是片假名、汉字与英文字母横向一列排布的，而是中央夹杂着图形，且片假名、汉字与英文字母纵向排列。与此相对照，引证商标是两个文字构成的汉字。在此种情况下，最高法院认定商标近似。

2.“冰山印”案

“冰山印”案[1]诉争商标为图形商标，在圆形内描绘着冰山的形状，在其下标记着“冰山印”文字。其中“冰山”的平假名为“ひょうざん”（日语发音为“hyozan”），而引证商标是平假名的“しょうざん”（发音为“syozan”）。最高法院否定了两商标近似。

诉争商标

引证商标

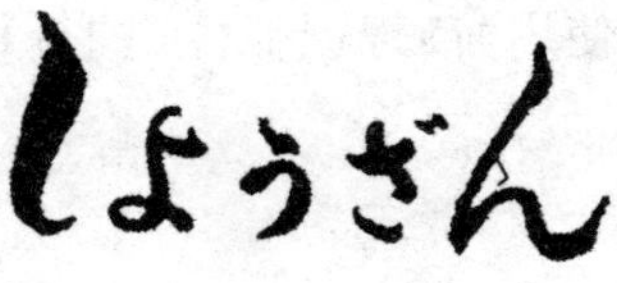

〔1〕 最判昭和43.2.27民集22卷2号399頁〔冰山印〕。

3.“SEIKO EYE”案

在“SEIKO EYE”案〔1〕中，诉争商标与引证商标共通的部分是“EYE”，诉争商标的指定商品中包含眼镜，而引证商标中包含眼镜领域的驰名标识“SEIKO”，这是二者的主要区别。对此，最高法院认为两个商标并不近似。

诉争商标	引证商标
eYe miyuki	SEIKO EYE

4.“PALM SPRINGS POLO CLUB”案

以上介绍的案例均适用日本《商标法》第4条第1款第11项规定，其中诉争商标和引证商标的指定商品或服务都是相类似的。但与此不同的是，“PALM SPRINGS POLO CLUB”案〔2〕适用的是日本《商标法》第4条第1款第15项规定，即不允许注册可能造成来源混淆的商标。在只关注案情和结论之间关系的“彻底的判民型”评释方法下，只要注册商标是因引证商标而不允许注册的，无论适用的条款有无差异，“堤村小型人形玩偶店”案均会作为先例而对其产生影响。不管怎么说，本案诉争商标与引证商标具有相同的“Polo”部分，但最高法院认定可能构成混淆，因此适用第4条第1款第15项驳回了注册。也就是说，在“彻底的判民型”评释方法下，虽然本案没有使用“商标近似性”的分析工具，但在结论上并未承认诉争商标的注册。

〔1〕 最判平成5.9.10民集47卷7号5009頁〔eYe miyuki〕。

〔2〕 最判平成13.7.6判時1762号130頁〔PALM SPRINGS POLO CLUB〕。

诉争商标　　　　　　　　　　　　　　引证商标

5.“堤村小型人形玩偶店”案

“堤村小型人形玩偶店”案诉争商标是平假名字符以相同字体、相同大小横向排列，而引证商标或是平假名或是汉字。最终法院认定两者并不近似，因此并未宣告注册商标无效。〔1〕同时，在“彻底的判民型”评释方法下，纠纷产生的背景、当事人利害关系的状况等也是十分重要的。了解这一案件纠纷产生的来龙去脉也是十分必要的。

仙台市的堤村自江户时代开始制造黏土人形玩偶时起，就以“おひなっこ”（小型人形玩偶）或“つつみのおひなっこ”（堤村小型人形玩偶）冠名。在昭和初年之后则将之称为“堤人形”（堤村人形玩偶）。在昭和时代，仅有无效宣告申请人的父亲从事“堤人形”的制造工作，该技艺又由无效宣告申请人所继承。此外，本案注册商标权人的祖父，最迟在昭和56年（公元1981年）就已开始制造“堤人形”，其技艺是经本案商标注册人的父亲而传承给商标权人的。

也就是说，“堤人形”是一个通用名称，在指定商品上“つつみ”（堤）这一文字是缺乏来源识别能力的。此外，现在仅有原被告双方生产销售“堤人

〔1〕“堤村小型人形玩偶店”案相比于上述介绍的其他最高法院的判例，其特殊之处是该案为无效复审相关的行政纠纷，而其他案件是驳回复审相关的行政纠纷，尽管适用的条文均是日本《商标法》第4条第1款第11项（“里拉宝塚”案和“冰山印”案适用的是日本旧《商标法》第2条第1款第9项），严格地说是相异的案例。但是，如果这样认为，就找不到先例来与“堤村小型人形玩偶店”案进行比较了，而本文介绍判例研究方法的目的也就难以实现了。鉴于此考虑适用的条文是相同的，因此本文也就不再拘泥于是否是相同的案件了。

形”,也就是说二者存在竞争关系。尽管如此,原告作为引证商标“つゝみ”和“堤”的注册商标权人,即使以丧失来源识别能力为理由而对其提出无效宣告程序,也会因为受到日本《商标法》第47条之限制,即以通用名称为事由而宣告无效的受到注册后5年除斥期间的限制,也就是说已经无法再宣告引证商标无效了。正因如此,在处理该纠纷时,要以引证商标一定会存在为前提来进行判断。如果被告的注册商标在这种情况下被宣告无效,那么,原告将是唯一拥有主体部分为“つつみ”的注册商标的堤村人形玩偶经营者,两个竞争者之间的平衡就会被打破。在这种情况下,最高法院并未支持二者近似的观点。〔1〕

进一步来说,最高法院判决认定了“おひなっこや”(小型人形玩偶店)并不是通用名称而是具有识别力的部分。在此种情况下,最高法院判决存在“おひなっこや”部分的诉争商标和不存在“おひなっこや”部分的引证商标并不近似也不是没有道理的。但是,本来在认定“おひなっこや”是一个臆造词语时,很有可能已经受到上述本案特殊的事实关系导致的利益衡量的影响了。〔2〕

6.“小僧寿司”案

宍户先生在论及作为“堤村小型人形玩偶店”案的先例时提到了“小僧寿司”案。〔3〕 该案中,拥有注册商标“小僧”的权利人,针对以“小僧寿し”(小僧寿司)为名在全国范围内都十分知名的连锁寿司店提起了侵权诉讼,

---

〔1〕 这里如果要阐述一下我的观点的话,本来就应该认识到由于所谓的除斥期间制度会导致利益不平衡的现象出现,并应该在此基础上确立优先保护已经凝聚了信用的注册商标。因此先不谈是否非要坚持所谓的立法论,仅从解释论来看,确实不应该将除斥期间导致的利益不平衡状态作为一个考量因素。

〔2〕 以我日语的理解来看,单听别人说“おひなっこや”我是不知道什么意思的。不过如果向我说明了它的含义的话,的确“おひなっこ”是用来指代“小型人形玩偶”的,而“や”(中文中的“屋”)也就是店的意思,我是能够理解它是指代“小型人形玩偶店”的。

〔3〕 最判平成9.3.11民集51巻3号1055頁〔小僧寿し〕。

要求其停止使用“小僧寿し”“KOZO SUHI”“KOZO ZUSHI”等标识，以及请求损害赔偿。在诉讼中小僧寿司的本部与原告和解，因此最终诉至最高法院的仅是在四国地区经营的加盟商。

注册商标	被控侵权标识
小僧	小僧寿し KOZO KOZOSUSI KOZO ZUSHI

被告所属的“小僧寿司”是一家外卖型寿司连锁店，在20世纪70年代作为餐饮业排名第一的品牌却没有进行商标注册。[1] 另外，“小僧”商标最早是在20世纪50年代初期注册的，此后一直没有使用，但对商标进行了续展。在“小僧寿司”开业后，原告在大阪的几家店铺中使用了“おにぎり小僧”这个名字，这主要是为了避免因注册商标连续3年不使用而被撤销，之后它就提起了商标侵权诉讼。

对此，最高法院是如何作出裁判的呢？首先，被控侵权的多数被告使用的标识，由于构成了日本《商标法》第26条第1款第1项的使用自己名称而否定了构成侵权。其次，“小僧寿司”文字在与图形一起使用的情况下，由于不满足日本《商标法》第26条第1款第1项所要求的“以通常的使用方法进行使用”，因此难以适用该规定予以免责。但是，由于被告以“小僧寿司”连

---

〔1〕 当时日本是不允许注册服务商标的，只允许注册商品商标，这也是它没有注册商标情有可原的一个方面。

锁店的名字而闻名，“小僧寿司”中的“小僧”部分不能单独提取出来比对，在相关公众看来不会与注册商标“小僧”发生混淆。因此，尽管两商标都用于寿司，但最高法院否认了“小僧寿司”和“小僧”近似。最后，由于贴在两家店面墙壁和入口处的商标“KOZO”与“小僧”发音是一样的，认定构成近似。[1]虽然最高法院支持了禁令救济，但是以没有给原告带来损害为由驳回了损害赔偿请求。

总之，虽然原告取得了部分胜诉，但被告也就只需将“KOZO”字样从店面的墙壁或入口处移开就可以了，可以说被告几乎取得了完全胜诉。法院在作出这一结论时，运用了多种法理，但本来只要被诉侵权商标在全国范围内享有盛名，就没有必要再促使将原告的商誉凝结于该标识之上了，否则反而会导致混淆。考虑注册商标制度的宗旨，以原告行使注册商标权的行为构成权利滥用[2]这个理由就足以驳回原告的诉讼请求。

无论是在“彻底的判民型”，还是在“普通的判民型”下，“小僧寿司”案均难以成为“堤村小型人形玩偶店”案的先例。

首先，必须认识到“小僧寿司”案的事实关系是极其特殊的。被控侵权标识是全国范围内知名的标识，这直接导致了最高法院总会想些办法使案件朝向不构成侵权的方向发展。在“彻底的判民型”分析方法下，“小僧寿司”案也难以成为不存在相同事实关系的“堤村小型人形玩偶店”案的先例。

其次，虽然都是处理的商标近似性问题，但是两案适用的条文是相异的。“堤村小型人形玩偶店”案适用的是阻却商标注册的日本《商标法》第4条第1款第11项，而“小僧寿司”案是商标侵权案件，适用的是日本《商标法》第37条第1款。由于适用条文的不同，也导致了两者在近似性的判断方

---

〔1〕 我觉得如果认为在寿司上使用“小僧”和“小僧寿司”并不近似，那么也应该认为“小僧”和“KOZO”并不近似。

〔2〕 具体论述请参考：田村善之『商標法概説』（第2版・2000年・弘文堂）93頁。案例的梳理请参考：朱子音［判批］知的財産法政策学研究61号掲載予定。

法上存在区别对待的情况。[1] 如果这样,即使在"普通的判民型"下,也应慎重对待是否应将"小僧寿司"案作为阻却商标注册案件先例的问题。

(二)彻底的判民型之分析

下面我们来进行"彻底的判民型"分析,即完全不看判决中的说理,仅仅关注案件事实与判决结果之间的关系。在此种情况下,如果仅着眼于阻却商标注册的行政案件,那么,可以说包含"里拉宝塚"案和"堤村小型人形玩偶店"案在内,这些案例的裁判逻辑是一致的。

在标识是由文字和图形组合在一起的情况下,如果文字的部分是共通(如"里拉宝塚"案),就会得到近似的结论;如果文字的部分不是共通(如"冰山印"案),就会得到不近似的结论。

如果商标文字的各部分之间存在间隔而排列,当识别力强的部分共通(如"PALM SPRINGS POLO CLUB"案),会得到近似的结论;当识别力弱的部分共通(如"SEIKO EYE"案),会得到不近似的结论。

如果商标文字各部分之间并不存在任何间隔,且文字全部是由平假名构成,作为一个整体进行比较两个商标并不共通(如"堤村小型人形玩偶店"案),就会得到不近似的结论。

此外,由于"小僧寿司"案是事实关系极其特殊的案例,且属于商标侵权案件,因此不在讨论的范围。

(三)普通的判民型之分析

我们在上文中对"彻底的判民型"进行了分析,如果在事实关系的基

---

〔1〕 举例来说,对于很难称之为固定因素的实际交易情况到底在多大程度上影响近似性的判断问题,在阻却注册与否相关的最高法院"保土谷化学社標"案[最判裁昭和49.4.25昭和47(行ツ)33]中持否定态度,而在侵权与否相关的最高法院"木林森"(最判平成4.9.22判時1437号139頁)则持肯定态度。而我也认为这种相异的处理是有一定道理的[田村善之[判批]ジュリスト1140号136~139頁(1998年),案例的梳理请参考:許清「商標類否の判断基準に関する一考察(2・完)-裁判例に基づく商標類似性に対する分析-」知的財産法政策学研究50号137~151頁(2018年)]。

础上再加上对于判决理由中抽象性论述理解的“普通的判民型”来分析，也不会导致对最高法院各判决中判旨的歪曲理解，从而得到相同的分析结论。

1.“里拉宝塚”案和“堤村小型人形玩偶店”案的关系

首先，“里拉宝塚”案判决的判旨中的抽象论部分到底与“彻底的判民型”案例分析后所得到的结论是否一致，这需要回到判旨部分来寻找相应段落。在该案最高法院判决中指出：“如果将一个商标的各组成部分分割开独立进行观察并不会被认为在交易实践中显得很不自然，也就是说，这种商标并不被认为是各组成部分不可分割的商标，那么并不总是需要通过商标标识整体的音形义来确定该商标的音形义。”在将该案事实嵌入抽象论的过程中，判决指出，在“各组成部分分割开独立进行观察并不会被认为在交易实践中显得很不自然，也就是说，这种商标并不被认为是各组成部分不可分割的商标”的情况下，应该进行分离观察。

而在“堤村小型人形玩偶店”案中，以“对由多个组成部分构成的‘组合商标’”为起始的抽象论部分的射程也是及于“里拉宝塚”案中诉争商标这一“组合商标”的情况的。在该案事实关系嵌入抽象论的过程中指出：“诉争商标‘つつみのおひなっこや’文字以标准字体横向书写，其中每个字符的大小和字体都是一样的，并且在同一行上等间隔地表现了出来，因此对相关公众来说是很难仅仅单独提取‘つつみ’字样而吸引其注意力的。”

如果综合分析上述说理，在“里拉宝塚”案中对“如果将一个商标的各组成部分分割开独立进行观察并不会被认为在交易实践中显得很不自然，也就是说，这种商标并不被认为是各组成部分不可分割的商标”的情况，应该以分离观察为原则。而该案诉争商标是由图形和文字组合的商标，采取分离观察并不会导致“各组成部分分割开来独立进行观察会被认为在交易实践中显得很不自然”。

与此相对照,“堤村小型人形玩偶店”案所处理的并不是“里拉宝塚”案那种图形和文字组合的商标,由于“つつみのおひなっこや”文字以标准字体横向书写,其中每个字符的大小和字体都是一样的,并且在同一行上等间隔地表现出来,因此对相关公众来说是很难仅仅单独提取“つつみ”字样而吸引其注意力的。这样也就构成了“里拉宝塚”案中所述的“各组成部分分割开独立进行观察会被认为在交易实践中显得很不自然,也就是说这种商标应被认为是各组成部分不可分割的商标”。

如此一来,“堤村小型人形玩偶店”案最高法院判决抽象论中所指“对由多个组成部分构成的‘组合商标’”原则上不可分离观察的论述,与“里拉宝塚”案中“各组成部分分割开独立进行观察会被认为在交易实践中显得很不自然,也就是说,这种商标应被认为是各组成部分不可分割的商标”的论述是一致的。在此种理解下,“堤村小型人形玩偶店”案并没有推翻“里拉宝塚”案的判例法理,对于“各组成部分分割开独立进行观察会被认为在交易实践中显得很不自然,也就是说,这种商标应被认为是各组成部分不可分割的商标”而言,原则上不应采取分离观察法。仅在“某一部分作为商品或服务的来源识别标记给相关公众带来强烈的支配性印象”,或者在“另一部分并不产生作为来源识别标记的音形义”的情况下,才允许例外地采取分离观察法。从这个角度看,两案抽象论并无任何矛盾之处。

诚然,如果仅看“堤村小型人形玩偶店”案判决理由,而忽略对事实的关照,且并不考虑整合“里拉宝塚”案判旨来理解,由于“堤村小型人形玩偶店”案判旨针对的是“由多个组成部分构成的‘组合商标’”。这样“里拉宝塚”案中所处理的文字与图形相结合的商标也应包含在内(这种理解可能更加理所当然吧)。但是如果以具体案件事实为前提,尝试一种追求与既有判例法理相一致的解释似乎更可取，因为它避免了对先例中所述判例法理[1]的变更。[2]

2.“里拉宝塚”案和“SEIKO EYE”案的关系

接下来我们再来分析“里拉宝塚”案和“SEIKO EYE”案之间的关系。宍户先生将两案置于相对立的位置，而我下文论述也许会有不同的理解方式。

“SEIKO EYE”案的判旨是这样论述的：“由于本案引证商标也将眼镜作为其指定商品，因此当诉争商标用于眼镜时，本案引证商标构成中的‘EYE’部分即使不是直接表明眼镜的品质与用途等特征，作为与眼镜密切相关的具有代表‘眼睛’的一般含义的文字，并不会给相关公众留下一个特定的和深刻的印象。另外，原审法院已认定引证商标构成中的‘SEIKO’部分是在日本国内非常著名的手表制造和经销商服部精工株式会社所经营的商品或其商号的缩写。”

“这样的话，当引证商标是由字母‘SEIKO’和字母‘EYE’组合而成，并用于指定商品眼镜时，‘SEIKO’部分对相关公众来说，作为来源识别标志会给人以强烈而显著的印象；与之相反，在具体交易的实际中，仅使用与眼镜密切相关的通用字符‘EYE’的部分，除非有特殊情况，并不会将其作为来源识别标记而产生音形义的认知。因此，仅以‘SEIKO EYE’作为一个整体或仅以‘SEIKO’部分才会产生音形义的认知。”

“简言之，鉴于对上述事实的确认，引证商标中‘EYE’的部分并不会产

---

[1] 从另一个角度来看，“堤村小型人形玩偶店”案并没有刊载在《民集》（《最高法院民事判例集》）上。《民集》是最高法院编辑并公开发布的判例集，最高法院作出的判决中，只有经过最高法院内部会议的讨论后才决定是否可以在《民集》上刊登。“里拉宝塚”案刊登在了《民集》上，而“堤村小型人形玩偶店”案并没有刊登在其上，这就说明后者并不应像前者那样受到重视。这也就是朝向支持饭村先生所说的“堤村小型人形玩偶店”案仅是一个例外判决的方向发展的因素。

[2] 但是、“里拉宝塚”案由于适用的是旧《商标法》，而“堤村小型人形玩偶店”案适用的是现行《商标法》，因此严格来说是不构成判例变更的。

生音形义的认知,原审法院认为‘EYE’部分不一定不会产生其他商品来源的论述,属于在商标近似性判断中法律适用的错误,因而是违法的,这种违法性直接影响了原判决的结论。”

“SEIKO EYE”案判决认定,“EYE”部分使用在眼镜商品上时识别力较弱,而“SEIKO”部分又属于十分知名的标识。因此,识别力较弱部分与知名性较强部分结合时,仅观察知名的部分,在识别力弱的部分具有共通性,应得出商标不相近似的结论。

值得一提的是,“里拉宝塚”案判旨指出:“如果将一个商标的各组成部分分割开独立进行观察并不会被认为在交易实践中显得很不自然,也就是说,这种商标并不被认为是各组成部分不可分割的商标,那么并不总是需要通过商标标识整体的音形义来确定该商标的音形义。经验法则告诉我们,仅以商标中的某个组成部分来确定音形义,或一个商标中产生了不止一个音形义也是很常见的事……”其中,只是说“并不总是”需要通过商标标识整体的音形义来确定该商标的音形义,仅以商标中的某个组成部分来确定音形义“也是很常见的”。

“SEIKO EYE”案判决仅指出,“在日本国内非常著名的手表制造商和经销服部精工株式会社所经营的商品或其商号缩写”的“SEIKO”部分与“作为与眼镜密切相关的具有代表‘眼睛’的一般含义的文字”的“EYE”部分“相互结合构成的商标”,“EYE”部分并不产生音形义的认识,只有“SEIKO EYE”作为一个整体或仅有“SEIKO”部分才会产生音形义的认知。

这样,在“里拉宝塚”案判决所述“并不总是”需要通过商标标识整体的音形义来确定该商标的音形义,仅以商标中的某个组成部分来确定音形义“也是很常见的”为前提的分析中,“SEIKO EYE”案判决知名标识与缺乏识别力的文字相结合的组合商标,就不属于“里拉宝塚”案判决所述仅以商标中的某个组成部分来确定音形义“也是很常见的”情形,这样就需要例外地采取整体观察法，或者是采取仅关注知名标识部分的分离观察法。这样，“SEIKO EYE”案也是在“里拉宝塚”案判例法理的延长线之上的。

（四）阻却商标注册环节下“组合商标”相关最高法院判例法理分析的小结

下文将在参考了“彻底的判民型”分析方法的基础上，以“普通的判民型”分析方法为指引，对阻却商标注册环节中商标近似性判断的最高法院判决进行小结。

首先，依据“里拉宝塚”案，先要判断其是否属于“如果将一个商标的各组成部分分割开独立进行观察并不会被认为在交易实践中显得很不自然，也就是说，这种商标并不被认为是各组成部分不可分割的商标”的情况。

如果认定了属于不可分割的情况，那么就应以整体观察为原则（如“堤村小型人形玩偶店”案）。但是，即使是在此种情况下，如果在“某一部分作为商品或服务的来源识别标记给相关公众带来强烈的支配性印象”，或者“另一部分并不产生作为来源识别标记的音形义”的情况下，也应该采取分离观察法（见“堤村小型人形玩偶店”案判旨中的抽象论）。

相反，如果认定了并不属于不可分割的情况，那么就应该以分离观察为原则（“里拉宝塚”案判旨）。但是即使是在此种情况下，对于知名标识部分与识别力较弱部分的结合应采取整体观察法，或者仅将知名标识部分拿出来采取分离观察法，而识别力较弱的部分不能提取出来采取分离观察法（“SEIKO EYE”案判旨）。

上述论述如果以流程方式表示即：

先判断“如果将一个商标的各组成部分分割开独立进行观察并不会被认为在交易实践中显得很不自然，也就是说，这种商标并不被认为是各组成部分不可分割的商标"（如"里拉宝塚"案）。

Yes⇒整体观察为原则（如"堤村小型人形玩偶店"案）

但是，"某一部分作为商品或服务的来源识别标记给相关公众带来强烈的支配性印象"，或者"另一部分并不产生作为来源识别标记的音形义"⇒分离观察法（如"堤村小型人形玩偶店"案）。

No⇒分离观察为原则（如"里拉宝塚"案）

但是，知名标识部分与识别力较弱部分结合的情形⇒或整体观察，或仅分离观察知名部分（"SEIKO EYE"案）。

这里需要注意的是，上述思维流程并不是对法官内心中判断手段的推测。个案中法官经历什么样的心理过程才能得出结论先姑且不谈，以上内容仅是在整理了最高法院一系列判决后形成的首尾一致的判例法理而已。

四、总结

上文展示了"判民型"判例评释，也就是着眼于案件事实的分析方法在分析一个具体问题上的应用。但是不得不再次重复的是，判例评释的目的是多种多样的，像宍户先生那样采取"民商型"的分析方法也绝不能说是错的。事实上，在之后的案例中，尽管不是全部，但几乎下级法院的判决中都采取了"堤村小型人形玩偶店"案判决的抽象论。在此种情况下，以预测为目的，宍户先生的判例研究方法也是有一定可取之处的。但是我将自己置于与"堤村小型人形玩偶店"案"一步之遥"的距离对其提出了批判，认为该案判旨的射程应该限定，为了实现这一目的，采取"普通的判民型"评释方法是最为妥当的手段。

事实上，已经有实务界人士指出"堤村小型人形玩偶店"案判旨有可能诱发“商标盗用”问题。[1] 举例来说，“REEBOK ROYAL FLAG”案[2]就是一个典型的实例。在该案中，知识产权高等法院撤销了认定两商标近似的原行政裁决。

诉争商标 1

Reebok

ROYAL FLAG

诉争商标 2

REEBOK ROYAL FLAG

（標準文字）

引证商标

ROYAL FLAG

该判决中引用了“堤村小型人形玩偶店”案，由于“REEBOK”在相关商品上作为指示源于原告的标识，已经达到众所周知的程度，这样“诉争商标，宜采取整观察，或仅提取给人以强烈的支配性印象的‘REEBOK’字样作为商品的来源识别标志，来与引证商标进行近似性判断”，在此基础上否定了商标近似（撤销了认定近似的原行政裁决）。

但是如果这样，以在先商标（ROYAL FLAG）为基础，在其上附加知名标

---

〔1〕 産業構造審議会知的財産分科会商標制度小委員会第 18 回商標審査基準ワーキンググループ議事録 20 頁（大西発言）（https://www.jpo.go.jp/resources/shingikai/sangyo-kouzou/shousai/shohyo_wg/document/index/new18_gjiroku.pdf）。

〔2〕 知財高判平成 28.1.20 判タ1436 号 125 頁［平成 27（行ケ）158］［REEBOK ROYAL FLAG］（Ⅰ事件）、知財高判平成 28.1.20 平成 27（行ケ）159［同］（Ⅱ事件）。

识(REEBOK)进行申请时,若不允许从在后的组合商标中分离提取在先商标(ROYAL FLAG)的部分进行观察,在先商标就会仅能以整体观察的形式出现。从在后组合商标的角度看,知名标识(REEBOK)被分离提取,会导致对在后商标的分离观察,那样只要给在先商标附加上一个知名的标识,就很容易就会得出不相近似的结论,进而允许包含了在先商标的在后商标注册。当然,如果仔细研读判决理由则可以发现,注册商标的保护范围应并不因包括“ROYAL FLAG”这两个商标的共通部分,而应及于“ROYAL FLAG”的部分。但是,这并没有形成明确的结论,在后商标被注册后不能说一定不会对“ROYAL FLAG”将来的经营活动带来不利影响。这也就是所谓的“商标盗用”问题。

为了防止“商标盗用”现象的发生,就有必要限定看似推翻了“里拉宝塚”案判例法理的“堤村小型人形玩偶店”案判旨的射程。在此种情况下,贯彻“彻底的判民型”,将“堤村小型人形玩偶店”案限定在该案具体的案件事实上可以作为一个选项,但是在兼顾抽象论的基础上整合两案判旨,作为将自身置于“一步之遥”的判例评释方法,则是我这篇文章所推崇的最易于被接受的研究方法。

综上,我的这篇小文仅仅是以日本案件为素材,带领大家一窥日本判例评释的奥妙,我也非常希望能够对中国读者有所启示。

田村善之*

2021 年 7 月

* 东京大学法学政治学研究科教授。

引言

在知识产权领域,法律规则的形成和发展与快速迭代更新的技术创新及应用具有天然的联系,而立法的稳定性使其制定和修改不可能过于频繁,因此,知识产权法律条款不可能过于精细化而应当保持一定的原则性和弹性,使纠纷发生时裁判者可以结合事实和证据进行解释和适用来解决实践中不断出现的新问题。当然,这对立法的技巧和科学性、对裁判者的释法能力都提出了较高的要求,特别是知识产权案件的法律适用往往还同时涉及民法、程序法、行政法、经济法等修法频率更低的其他基础性法律,高度依赖裁判者在个案中对相对原则的实体和程序法律条款的准确把握。

知识产权的客体均是无形信息,其受专有权保护的内容及与其他信息的边界不容易划定,尤其是在侵权案件中,法院对是否构成侵权、责任判定、损害赔偿的证明等问题的阐释,对法律的最终实施效果具有重要影响。因此,作为全球通行的为保护知识产权而设立的司法救济程序和制度,知识产权司法保护在各类纠纷化解中具有不可替代的作用。无论是有判例法传统的英美法系国家,还是有成文法传统的大陆法系各国,都十分重视知识产权典型案例的释法和示范作用;个案中对实体正义和程序公正的追求,不仅是当事人的切身利益所在,而且是法律共同体的一致目标。同样,搜寻、分析、提炼典型案例中的裁判规则是研习知识产权法的旨趣所在。为此,从研究者的角度，中立地对中国知识产权审判效能进行评价，是搭建法学理论研究和司法实务桥梁的有益尝试。

本书结合2020年的特殊时代背景对知识产权司法解释、司法政策和审判机制完善等方面的审判工作进展进行考察，并梳理盘点知识产权反不正当竞争领域的典型案例，分析法院在裁判规则形成、裁判尺度统一、裁判说理等方面的成就以及可能存在的模糊认识或缺憾。

一、知识产权审判工作概况

（一）加强知识产权司法保护的时代需要

2020年，新冠肺炎疫情给各国的发展带来诸多不确定因素，中国在全面建成小康社会取得历史性成就、迈入新发展阶段之初，也面临着更加复杂严峻的外部环境。2020年是新中国历史上极不平凡的一年，在世界经济艰难前行、单边主义和保护主义兴起的压力下，中国疫情防控和经济社会发展取得重大成果，中国成为2020年全球唯一实现正增长的主要经济体。

党的十九届五中全会指出，当今世界正经历着百年未有之大变局，中国已转向高质量发展阶段。当前，新一轮科技革命和产业转型方兴未艾，科技作为第一生产力的核心战略地位成为共识。新冠肺炎疫情的暴发，更凸显我国加快攻克重点科技领域“卡脖子”技术的重要性。习近平总书记在2020年11月底主持中央政治局第二十五次集体学习时指出，创新是引领发展的第一动力，保护知识产权就是保护创新。显然，在中国新发展阶段的规划中，全面加强知识产权保护对促进建设社会主义现代化经济体系、激发全社会创新活力、推动构建新发展格局具有重要意义。

知识产权保护是个系统工程，其中，具有权威性和终局性的、公正高效的知识产权司法保护，对严格实施知识产权法律，有效定分止争，引导科技创新、文化创作和商业竞争中人们的行为规范，保障国家和社会经济生活的顺畅运行具有重要作用。在新技术日益改变人们生产生活方式和社会经济发展模式、实施创新驱动发展战略事关中华民族前途命运、知识产权保护与国际贸易紧密挂钩的时代背景下,全面加强知识产权司法保护是中国遵守国际规则的现实需要,更是推动国民经济高质量发展的内在要求。

(二)中国法院知识产权司法能力建设概况

1. 司法政策与司法解释方面

2020年,中国知识产权审判工作的首要任务是贯彻落实中央决策部署、回应社会各界各方关切。2020年4月21日,最高人民法院印发《关于全面加强知识产权司法保护的意见》,明确了进入新发展阶段后中国知识产权保护司法政策的主基调。这份纲领性文件不仅针对各类知识产权案件特点提出了在今后审判工作中应精准理解和适用法律、完善相关规则妥善解决纠纷、切实维护权利人合法权益的重点内容,还提纲挈领地提出了增强司法保护实际效果、提高司法保护整体效能、加强沟通协调和审判基础建设等方面的具体要求。2020年下半年,随着疫情的缓解和社会经济生活的复苏,知识产权保护工作也全面提速。为了配合民法典、专利法、著作权法、刑法修正案等基础性法律的通过或修改,全面清理、完善知识产权司法解释和司法政策,增强法律实施效果,最高人民法院紧锣密鼓地出台了涉及商业秘密保护、专利授权确权、网络知识产权侵权、知识产权刑事保护、知识产权民事诉讼证据的5个司法解释和关于电商平台知识产权保护、加大知识产权侵权行为惩治力度、加强著作权和与著作权有关的权利保护的3个指导意见,以及18件依据2020年法律修改更新的司法解释和司法政策文件,[1]为下一阶段加强中国知识产权司法保护夯实了基础。

---

〔1〕 参见法释〔2020〕19号,《最高人民法院关于修改〈审理侵犯专利权纠纷案件应用法律若干问题的解释(二)〉等十八件司法解释的决定》,2020年12月23日通过,自2021年1月1日起施行。

但是，由于时间匆忙，有些解释直接沿用10年前的条文，而立法已经修改，司法解释里引用的条文序号仍然是之前旧法的序号。另外，司法解释频频出台也是知识产权领域的突出特点，这固然与新技术带来的新问题首先直接由知识产权法官面对有关，而且较为典型地反映了近些年我国知识产权领域司法解释日益成为审判主要法律适用依据的现象。

尽管司法解释的制定和出台过程难以以立法的标准来要求，但作为我国各级法院案件审理中的普适性法律规范，其条文的形成至少应当经过一定范围的讨论，以免出现条文引用错误之类的硬伤。司法解释具有普遍的司法效力，在一定程度上，发挥了与法律类似的普适性规范性作用，成为各级法官、法学界与实务界人士必须掌握和熟悉的内容。对于长期以来司法解释存在的问题，[1]应予以重视和解决。

2. 审判机制和审判质效方面

2020年，知识产权审判机制改革的制度优势进一步发挥。承担统一技术类知识产权案件裁判标准等职责的最高人民法院知识产权法庭自成立以来审理了一系列标杆性案件，于2020年12月底发布了7个典型案例，涉及专利无效、侵权损害赔偿额的计算、职务发明奖励、证据保全、反向行为保全以及国际平行诉讼禁诉令颁发规则等重要议题，对严格保护知识产权、激励科技创新表明了立场，也对从源头遏制侵权、制裁故意侵权、精细化计算赔偿额以及维护公平有序的市场竞争秩序给出了指引。2020年年底，海南自由贸易港知识产权法院成立，其与北上广3个知识产权法院和全国其他22个地方法院知识产权法庭以及他们的统一上诉机构——最高人民法院知识产权法庭，初步形成了中国"1+4+22"的知识产权专业化审判格局，为进一步统一中国知识产权司法保护规则发挥了示范作用。知识产权专门法院的

---

〔1〕 关于司法解释的作用及存在的问题，参见周道鸾：《论司法解释及其规范化》，载《中国法学》1994年第1期。

设立因受立法权限制而开展的相对谨慎,但各地知识产权法庭的设立仍然呈现扩张趋势,在省级范围内,另行设立技术类案件管辖权集中的专门法庭,其科学性和必要性仍有待商榷。

目前,中国已成为审理知识产权案件,尤其是专利案件最多的国家,也是知识产权案件审理周期最短的国家之一。当然,这些成绩也得益于中国法院多年来持续推进司法改革,将知识产权法律适用规则的完善与统一、提升司法审判质效、为全面依法严格保护知识产权提供有力司法保障,纳入服务创新型国家建设、推进国家治理体系和治理能力现代化的大局的决策。特别是数字信息技术在立案登记、多元解纷、司法公开、智慧法院建设等方面的广泛运用,给司法改革带来了红利。这也同样体现在中国知识产权审判领域,各地法院积极运用技术手段辅助履行司法职能,提高知识产权审判质量和效率。另外,无论是在涉外知识产权案件的国际司法管辖权方面打造"优选地",还是在国内各地法院之间形成的对案件审理权和新类型案件裁判规则话语权的隐形竞争,以及这些可能受其他非法律因素影响给司法裁判带来的利弊,都需要通过更长期的效果来观察和评判。面对新问题,认识的偏差在所难免,因此,最高人民法院应当尽快建立法律适用分歧解决机制。

二、知识产权案例概述

根据最高人民法院发布的信息,2020 年全国法院新收一审、二审、申请再审等各类知识产权案件 525,618 件,审结 524,387 件;仅审理技术类上诉案件的最高人民法院知识产权法庭,2020 年就审结 2787 件,比 2019 年增长近 95%。[1]

---

〔1〕 参见最高人民法院知识产权宣传周新闻发布会,载中国法院网络电视台网 2021 年 4 月 22 日,https://tv.chinacourt.org/55107.html。

(一)典型案例筛选指标和评述目的说明

本书筛选案例的主要指标是其在学理上的典型意义和探讨价值。因此,尽管在每年各地各法院的“世界知识产权日”宣传报道,各类官方、民间举办的代表性案例和裁判文书评选等活动中,均有大量各具特色的案例推出,但某些社会影响大的案例本书未予收录。例如,判赔额超高但仅涉及损害赔偿计算方式等个案操作性,而在学术理论上普遍指导意义不强的案件,或审判流程改革、一事不再理原则适用等不反映知识产权法律规则本身及其理解适用存在争议的案件。司法部门总结了近年来中国知识产权案件出现的一些新特点:一是涉核心技术和重点领域的案件日渐增加;二是涉案知识产权市场价值及相应的诉讼标的额大幅提高;三是国内与国外诉讼交织越来越密切。[1] 本书在筛选案例时,尽管这些新的案件特点更容易引起社会各界关注,但本书编委会首先考虑的仍是判决是否体现了知识产权法相应领域的学术论点,或其在规则适用与阐释方面的新意,以及是否反映了值得进一步研究探讨以便达成共识的争议或分歧。当然,基于此定位,兼具社会各界关注度和学理价值,或在裁判说理方面具有规则明晰价值的典型案例必然是本书筛选对象。另外,考虑近些年有些类似的案例在法律规则的理解与适用、事实与证据的采信、裁判说理依据等方面尚有认识分歧,本书特将论点相同或相似的案例甄选出来加以评述,以期推动学界和实务界进一步研究探讨。

知识产权法各分支领域的学理论点众多,其中,有很多重要论点在历年来积累的案例中已有体现,而在2020年却不一定能找到很合适的典型案例。考虑本书并非为了对整个知识产权法学科进行全面的学术理论配套案例梳理,而是为了对中国知识产权年度审判质效进行连续性跟踪观察与研究,编

---

〔1〕 参见贺荣:《努力开创知识产权司法保护新局面》,载人民网,http://cpc.people.com.cn/n1/2021/0309/c64387-32046868.html。

委会最终选取了全国法院2020年作出的25个反不正当竞争领域的生效判决或裁定。虽有个别案例的裁判时间在2019年年底,但考虑类案比较的需要,也将其纳入2020年典型案例的筛选范围。

需要说明的是,本书筛选年度案例的主要目的是引起各界对相关问题的进一步研究探讨,每个案例的评述意见仅代表撰写人的观点,不代表编委会全体成员的意见。特别是,本书所选的案例中,较多是一审、二审、再审几轮审判结果不同,或者不同地方法院对类似案件作出了不同判决的情况,说明司法审判过程中对案例体现的理论问题认识和法律适用标准存在争议。对这些争议问题进行深入探讨,推动理论界和实务界达成更多共识,也是本书期待实现的。

(二)反不正当竞争领域2020年度典型案例论点精要

与著作权领域类似,反不正当竞争法的适用深受网络技术发展的影响。"互联网+"的新型产业发展模式,带来了诸多新的竞争手段和形态。在面对这些新竞争模式时,如何把握公认的"商业道德"、明确具体行为的正当与否,是法院面临的越来越多的问题。在反不正当竞争法的适用中,因行为模式往往难以套入法律列举的禁止行为,法院往往容易向第2条或新设立的"互联网条款"的兜底规定逃逸,但这需要充分论证与说理,使规范竞争与鼓励创新的关系得以恰当平衡。本书选取的多件案例均涉及利用新技术实施的竞争手段正当与否的界定,在一定程度上体现了近年来网络环境下的竞争态势和对产业竞争的司法导向。

1. 关于第2条一般条款的适用

在益趣公司诉天赐之恒公司、指天公司侵害著作权及不正当竞争纠纷案中,法院认为,抄袭他人游戏人物设置参数的行为,不劳而获、违反商业道德,构成不正当竞争。该案涉及如何避免商业道德泛化,信息盗用行为认定考量因素及边界问题。在阿里巴巴公司诉码注公司等不正当竞争纠纷案中，法院认为，违反爬虫协议，超出必要限度对他人公开网站数据进行爬取构成不正当竞争。在掌阔公司诉云聚公司侵犯商标权、不正当竞争纠纷案中，法院认为，被告将原告“安沃”“安沃传媒”商标设置为百度搜索关键字广告，会使一部分网络用户误访涉案网站，可能会使原本属于原告的用户转而购买被告服务，造成原告潜在客户的流失和商业机会的丧失，该行为有悖诚实信用原则和公认的商业道德，违反第2条。

应当说，目前在我国司法实践中，《反不正当竞争法》第2条的适用十分广泛，能容纳各色各样的新式竞争行为，裁判结果对产业可能产生很大影响。在学而思公司诉行于思公司不正当竞争纠纷案中，法院认为，涉案广告牌在广告语有限的情况下仍突出介绍老师“原学而思”任教的经历，虽不构成混淆，但是攀附他人商誉构成不正当竞争。在嘉瑞宝公司诉多维斯公司等不正当竞争纠纷案中，法院认为，利用虚假版权登记进行恶意投诉构成第2条规定的不正当竞争行为，代理人明知存在恶意投诉之嫌的前提下仍然提供帮助行为，构成共同侵权承担连带责任。针对“挖墙脚”是否必然构成不正当竞争，在开讯公司诉虎牙公司等事涉游戏主播“跳槽”问题的不正当竞争纠纷中，法院对挖聘竞争对手员工是否构成不正当竞争的考量要素进行了分析，指出员工具有竞业禁止义务不必然导致该行为具有不正当性。在玫琳凯公司诉马某某侵害商标权及不正当竞争纠纷案中，对被告销售刮码产品的行为，法院认为，从道德评价角度，被告在并不负有法定或约定义务维护玫琳凯公司直销商业模式的情况下，将支付了合理对价获取的刮码正品在网店中销售，并作了较为充分的说明，并未违反诚实信用原则和公认的商业道德。最后，《反不正当竞争法》第2条适用还涉及竞争关系的扩张解释。在腾讯公司诉科贝公司、海逸公司等不正当竞争纠纷案中，法院认为反不正当竞争法可调整平台与平台内经营性用户的管理关系；被告违反规定在微信平台上提交伪造的贷款资质文件，并在此基础上开设微信小程序和微信公众号,通过涉案公众账号的认证,获得比普通账号更高级的平台接口权限,以此获得微信生态中的竞争资源和竞争优势,攫取商业利益,违背了诚信经营的行为准则,违反了《反不正当竞争法》第 2 条的规定。

2. 关于第 6 条仿冒混淆行为的认定

在添柏岚公司诉同业鞋业公司等侵害商标权纠纷及不正当竞争纠纷案中,法院认为,原告大黄靴产品的整体装潢经市场使用,对相关公众已经具有区别商品来源的作用,构成反不正当竞争法上有一定影响的商品包装、装潢。原告自 2011 年开始持续大量以"踢不烂"宣传其品牌,相关公众以"踢不烂"称呼其大黄靴产品,可以认定该商品名称具备特有性。在源顺套醋公司诉永昌公司侵害商标权及不正当竞争纠纷案中,法院认为,屏山套醋特有包装、装潢是否"有一定影响",可参照《商标法》中"有一定影响"商标的认定;即适用最高人民法院《关于审理商标授权确权行政案件若干问题的规定》第 23 条的规定:"在先使用人举证证明其在先商标有一定的持续使用时间、区域、销售量或者广告宣传的,人民法院可以认定为有一定影响。"在南方果园公司诉苏萨食品公司不正当竞争纠纷案中,对于"特种兵生榨椰子汁"包装装潢,法院认为,对于包装、装潢的仿冒行为,受到反不正当竞争法保护的竞争利益,应当符合两个层次的要求:一是被仿冒的包装、装潢不属于《商标法》第 10 条第 1 款规定的不得作为商标使用的标志;二是被仿冒的包装、装潢有一定影响,具有可识别性。有不良影响的包装装潢不受反不正当竞争法保护。在红日燃具公司诉智美电气公司侵害商标权及不正当竞争纠纷案中,被告法定代表人从原告辞职后使用原告的售后服务卡、名片等销售"红日 E 家"灶具产品。法院认为,被告对原告具有知名度的字号及注册商标不仅不进行合理避让,反而受让或申请注册与之近似的商标,并擅自在相同或类似商品上使用,容易导致消费者混淆误认,构成侵害注册商标权及不正当竞争。在微展世公司诉七彩公司等不正当竞争纠纷案中,法院判定,被告在未经许可情况下，将其网站图片链接到原告网站展示页面，使消费者对产品造成误认，构成《反不正当竞争法》第6条第4项规定的不正当竞争行为。

3. 关于第8条的虚假宣传行为

在腾讯公司诉杨某某等不正当竞争纠纷案中，法院认为，提供技术手段帮助主播刷粉、刷人气的行为属于第8条帮助其他经营者进行虚假宣传的行为。

4. 关于第9条的侵犯商业秘密行为

在思克公司诉兰光公司侵害商业秘密纠纷案中，最高人民法院指出，"相应保密措施"与"不为公众所知悉"以及"具有商业价值"共同构成商业秘密成立的法律要件。其中，对于进入市场流通的秘密载体，原告贴附在产品上的标签并不构成可对抗他人反向工程的物理保密措施，应认定其未采取符合反不正当竞争法规定的"相应保密措施"。在车厘子公司诉轻享科技公司侵害商业秘密纠纷案中，法院认为，原告公司后台"恒誉智能租车管理系统"内保存的104, 551个会员数据属于商业秘密；但被告与原告有合作协议，其向会员发送信息的行为是基于履行合同的需要，原告不能证明被告使用会员资源属于以不正当手段获取权利人的商业秘密，亦无证据表明违反约定或要求，披露、使用或者允许他人使用其所掌握的商业秘密。在天祥公司等与白云山制药侵害商业秘密纠纷案中，法院认为，《反不正当竞争法》第9条所规定的"使用"应当指直接使用商业秘密内容本身，而不包括使用商业秘密生产制造的侵权产品销售后，其他销售商后续销售以及购买者使用的行为。销售商只有明知其销售的系侵害商业秘密的产品而仍然予以销售的情况下，才可能承担帮助侵权的民事责任。在新凯越公司诉冯某某侵害商业秘密纠纷案中，法院认为，因商业经营信息随着市场变化而发生变化，客户名单作为商业秘密的价值也存在一定的期限，永久禁止被告使用也违反市场竞争规律，因此该案法院确定停止使用客户信息的期限为2年。在天赐公司诉纽曼公司等侵害商业秘密纠纷案中，法院认为，在判断侵害技术秘密行为是否构成“情节严重”并应当适用惩罚性赔偿时，被诉侵权人是否以侵权为业、侵权行为是否构成刑事犯罪、诉讼中是否存在举证妨碍行为、侵权受损或者侵权获利数额、侵权规模、侵权持续时间等均可以作为考量因素。行为人明知其行为构成侵权，已实际实施侵害行为且该侵害行为系其主营业务的，可以认定为“以侵权为业”。

5. 第 12 条互联网不正当竞争行为

在迪火公司诉美团公司不正当竞争纠纷案中，用户通过原告开发的餐饮软件系统扫码点餐后，买单时用的是被告的支付盒子，原告认为被告涉嫌窃取自己及商家的经营数据，构成不正当竞争。对此，北京、杭州两地法院的判决存在冲突。前者认为，被告推出的支付盒子插件通过非法侵入原告的智能收银一体机系统，读取、截取该系统数据，中断、控制其收款程序并强行跳转到被告收款系统的行为，构成不正当竞争的行为。后者认为，原告的软件系统是开放性的，允许接入包括被告“小白盒”在内的小程序，不能因其提供了一种收银系统就享有了垄断用户支付方式、要求交易流水必须经其系统的权利；被告的“小白盒”并未主动、强行在原告收银系统中插入链接，而只是向用户提供了选项，是否使用由有相应需求的用户自行选择，不构成不正当竞争。

在爱奇艺公司诉龙境科技公司不正当竞争纠纷案中，被告在“马上玩”App 中通过技术手段将原告 VIP 账号非法分时出租，使其用户无须向原告付费即可获得 VIP 视频服务。法院认为，被告行为是对原告重要经营资源的恶意“搭便车”，使原告的潜在用户产生误认并影响其对原告服务的使用体验，构成不正当竞争。

在优酷公司诉乐播科技公司不正当竞争纠纷案中，原告对自己的在线视频播放服务设置了观看广告、时长限制等条件作为整体提供给用户，并由用户作出相应的选择从而得到进一步服务；当用户通过被告 App 获取原告的视频播放服务时，可不受原告这些条件限制免费且完整地观看相应内容。法院认为，被告屏蔽广告、绕开技术措施限制，构成《反不正当竞争法》第 12 条规定的利用技术手段妨碍、破坏正当经营行为的不正当竞争行为。

在腾讯公司等诉森宝科技等不正当竞争纠纷案中，法院认为，涉案“营销引流软件”系完全针对 QQ 软件开发，故意避开原告的技术措施、改变了软件权利管理电子信息，影响了 QQ 软件的正常运行；四被告通过该软件及配套设备的研发、制造、宣传、推广及销售、服务器租赁等服务谋取商业利益，损害了原告和 QQ 软件用户的利益，对原告 QQ 软件的运营造成严重影响，给原告造成巨额损失，损害了原告的品牌声誉。

在腾讯公司等诉聚客通等不正当竞争纠纷案中，原告开发运营的个人微信产品中包含了个人微信用户的用户账号数据、好友关系链数据、用户操作数据等个人身份数据和个人行为数据等内容，被告开发运营的群控软件利用外挂技术嵌入个人微信产品中运行，抓取这些内容为购买其服务的微信用户开展商业营销、商业管理活动提供帮助。法院认为，创新性竞争不能以牺牲其他竞争者对市场发展及消费者福利的贡献力为代价，被告的数据抓取及使用行为实质性损害原告对微信产品数据资源享有的竞争权益。

在前锦公司诉逸橙公司不正当竞争纠纷案中，法院认为，关联账号功能是互联网环境下较为常见的产品功能，被告的关联外网账号技术本身并不违背行业惯例，不具有不正当性；用户使用该关联账号功能可将在前程无忧网站上获取的简历下载至被告的服务器，这是所有关联账号功能软件运行的自然结果，故不构成不正当竞争；关于被告通过爬虫技术获取、使用前程无忧网站简历的行为构成不正当竞争的主张，鉴于已有生效判决确认原告主张的信息构成商业秘密，但未认定被告实施了侵害该商业秘密的行为，原告亦未对该案提起上诉，该案中不再予以重复评价与认定。

目　录

《反不正当竞争法》第2条：一般条款

001

抄袭游戏人物参数的不正当竞争认定 / 曾俊

天津益趣科技有限公司与北京天赐之恒网络科技有限公司、上海指天网络科技有限公司侵害著作权及不正当竞争纠纷案 / **北京知识产权法院民事判决书，(2019)京73民终2613号**

事实概要

天津益趣科技有限公司(一审原告、二审上诉人，以下简称X)开发了一款名为《拳皇98终极之战OL》集卡牌、角色扮演、人物成长为一体的综合类手机游戏。上海指天网络科技有限公司(一审被告，二审被上诉人，以下简称 Y1)制作了游戏系统功能和人物设置等均非常类似的《数码宝贝大冒险》游戏，北京天赐之恒网络科技有限公司(一审被告、二审上诉人，以下简称 Y2)则参与 Y1 游戏的运营。X 向一审法院起诉，Y1、Y2 侵犯其游戏著作权以及不正当竞争。北京市海淀区人民法院认为，X 主张事实确实客观存在，但游戏设计和元素不属于著作权法保护的范围，因此不支持 X 认为 Y1、Y2 侵害其著作权的主张，但认为两被告行为构成不正当竞争。

X、Y2 不服一审判决提出上诉。X 主张：(1)其开发的游戏构成以类似摄制电影的方法创作的作品。涉案游戏的游戏设计已经达到了具体、细致的固定表达的程度，构成著作权法上的作品。(2)Y1、Y2 的不正当竞争行为不限于人物数值的抄袭，而是全面的游戏抄袭。(3)一审判决的判赔数额过低，与 X 的实际损失和 Y1、Y2 的侵权所得不符，且未考虑恶意侵权情节。Y2 则认为，X 游戏的设置参数不属于可被保护的法益，其行为未违反商业道德，不构成不正当竞争。

判决要旨

北京知识产权法院驳回上诉，维持原判。

首先，与动作类角色扮演游戏（Action Role Playing Game，ARPG 游戏）不同，卡牌游戏在运行过程中通常呈现的是若干非连续性的静态画面，并且故事情节要素较弱。游戏画面之间大多不具有连续性，不能表现出画面中的人物或事物在运动的观感，亦不具备相应的剧情或故事情节，故未构成类似电影作品的连续动态画面。而游戏设计属于思想，新手导引、游戏规则具有说明性，UI 游戏界面缺乏独创性，人物数值设置则不属于著作权法保护范围。

其次，适用《反不正当竞争法》第 2 条应当同时具备三个条件：一是法律对该种竞争行为未作出特别规定；二是其他经营者的合法权益确因该竞争行为而受到了实际损害；三是该种竞争行为因违反诚信原则和公认商业道德而具有不正当性或可责性。在本案中，X 游戏内人物设置参数是经过开发者付出一定人力、物力，并反复调试形成的，属于《反不正当竞争法》中未特别规定的合法权益；Y1 抄袭人物设置参数的不正当手段在一定程度上夺取了 X 游戏用户的数量，通过超出了游戏行业竞争者之间正当的借鉴和模仿，损害了 X 的商业机会和竞争优势。Y2 对 Y1 的不正当竞争行为造成的损害负连带责任。

评　析

一、判决思路和意义

近年来，游戏抄袭类案件时有发生，此类案件原告一般会主张著作权保护，但基于著作权对客体的要求，通常较难适用于游戏整体，因此必须借助《反不正当竞争法》一般条款的保护，本案便是典型的此类案件。两级法院均认为，涉案游戏整体无法构成类电作品，因为网络游戏构成类电作品应具备两个条件：一是具有独创性的情节，且情节存在一定的思想表达；二是游戏整体画面表现形式应与电影作品相似，涉案游戏大多时候呈现2D式的静止画面，不构成类电作品。而X主张著作权保护的其他游戏元素，也无法满足著作权法对作品独创性或固定表达的要求。至于X主张被告故意“搭便车”、攀附商誉，侵犯其知名商品特有装潢的不正当竞争行为，法院也不认可，因为X仅仅证明了游戏的知名性，无法证明其游戏界面具有特有性。但是，法院基于X提交的证据，认为Y1的游戏在人物属性参数设计上确实存在抄袭行为，违反了《反不正当竞争法》第2条的规定。本案判决对卡牌游戏是否构成类电作品的认定提供了思路，明确了此类游戏本身不构成作品，但对人物参数设置等抄袭损害了原游戏开发者的相关法益，应当以《反不正当竞争法》第2条提供保护，对此类案件今后的审判具有参考意义。

二、抄袭游戏人物参数设置的规范及学理

现有法律并不存在对游戏人物参数设置的明确规定，但是换皮游戏一般会涉及“类电作品”的概念。本案围绕“类电作品”的争点在于，游戏整体动态是否构成类电作品，因此需要援引《著作权法》第3条和《著作权法实施条例》（以下简称《条例》）第2条、第4条的规定。其中，《条例》第4条对类电作品的定义是：“电影作品和以类似摄制电影的方法创作的作品，是指摄制在一定介质上，由一系列有伴音或者无伴音的画面组成，并且借助适当装置放映或者以其他方式传播的作品。”由此，可以推定本案的卡牌类游戏无法构成类电作品。值得注意的是，2020年《著作权法》已经将“类电作品”概念替换为“视听作品”，而视听作品的外延是否包含游戏动态画面，以及什么样的动态画面属于视听作品还未得出确切的结论，有待司法实践给予反馈。

由于排除了著作权法规范的适用，规制游戏人物参数设置抄袭问题的法律落入了反不正当竞争法范畴。本案X主张被告侵犯其游戏界面作为知名商品特有外包装装潢，于是法院需要论证是否适用《反不正当竞争法》第6

条禁止混淆规定中擅自使用与他人有一定影响的商品名称、包装、装潢等相同或者近似的标识的行为。然而，经过对双方所提供的证据进行质证，法院认为，涉案游戏界面虽然知名但不特有。因此，本案的关键适用规范最终落在《反不正当竞争法》第2条。

《反不正当竞争法》经常扮演知识产权法无法适用之时的补充角色。本案在确认抄袭游戏参数不侵犯著作权后，法院便认为，游戏人物参数可以构成受《反不正当竞争法》第2条保护的法益。由于知识产权法奉行法定主义，在规则设计上过于依赖立法者的理性认识，[1]因此，知识产权类的法益保护需求产生常常走在了立法的前面，而知识产权法不能及时更新以提供明确具体的保护。在缺乏充分了解新技术和新市场本质的情况下，知识产权法不可避免地出现滞后性和不周延性，[2]于是提供了反不正当竞争法的适用空间。然而，竞争法应当在何时挺身而出，以及竞争法的适用会不会令司法产生惰性，过度依赖一般条款的便利而蚕食知识产权法的适用空间？这便需要考虑知识产权法与反不正当竞争法的边界问题。有学者指出，知识产权制度的二元结构由知识产权法的设权模式与反不正当竞争法的竞争法模式组成。[3]

竞争法作为一种"事后标准"，是在个案中实现对知识财产法益的保护。这是一种消极的、被动的保护，无法通过法律的规定在事前给出明确的结论，需要通过司法救济过程达致明确。换言之，不受知识产权法保护的法益需要通过个案具体判定是否应当引入反法救济。在判定个案时，需要注意知识产权法的宗旨在于，如果不受知识产权法保护，则可进入公有领域，但

---

〔1〕 参见李扬：《知识产权法定主义的缺陷及其克服——以侵权构成的限定性和非限定性为中心》，载《环球法律评论》2009年第2期。

〔2〕 参见杨红军：《反不正当竞争法过度介入知识产品保护的问题及对策》，载《武汉大学学报（哲学社会科学版）》2018年第4期。

〔3〕 参见李琛：《论知识产权法的体系化》，北京大学出版社2005年版。

若启动反不正当竞争法，则意味着进入公有领域的利益重新被列入私有领域，与知识产权法基本理念相悖。因此，必须具备特殊正当的理由，才能得到知识产权法的允许。对此，德国和美国司法实践中的额外因素判定法受到一定程度认可，该方法要求一项不受知识产权保护的成果，只有在出现知识产权立法政策之外的新因素时，反不正当竞争法才可予以规制。额外因素判定法分三个步骤：(1)穷尽知识产权规范的适用，包括知识产权法的兜底性条款；(2)考察是否与知识产权政策相冲突，如游戏规则、算法按照著作权法和专利法原理不能给予保护，那么反不正当竞争法不能违背知识产权的政策，因此并非所有穷尽知识产权条款不能保护、有投资和劳动投入的利益均可纳入反不正当竞争法；(3)必须考量规制目标和市场供给这两个额外因素。[1] 本案法院在适用法律的过程中部分吻合额外因素判定法，首先对著作权的规范进行判定，当发现著作权法不能规制，考虑该侵权行为确实令原游戏开发公司和消费者的合法权益受损，且该抄袭行为在业界和舆论中备受道德谴责，此时只能援引反不正当竞争法一般条款进行规制，从商业道德和诚实信用原则出发，实现对知识财产法益的保护。

三、以往司法实践

近两年来，游戏抄袭案件频发，其中较具影响力的案件有蜗牛公司诉成都天象和爱奇艺公司《花千骨》侵权案，以及腾讯公司诉英雄互娱《全民枪战》案。这类游戏换皮抄袭案件尽管类型不同，但权利人大概率能够获得法院的支持，维权成功。2020年江苏省高级人民法院在“花千骨”案的二审判决中，认可了原告所开发的《太极熊猫》的多项著作权，该案适用的法律关系存在著作权法与反不正当竞争法竞合，故优先适用著作权法。《太极熊猫》

---

〔1〕 参见卢纯昕：《反不正当竞争法在知识产权保护中适用边界的确定》，载《法学》2019年第9期。

之所以能获得著作权法保护，是在于其为大型 ARPG 游戏，从其运行整体画面表现效果来看，设计美观、玩法层次丰富，蕴含了游戏设计团队的大量智力成果，因此整体构成类电作品，并且游戏规则亦具有独创性；而《花千骨》游戏在游戏玩法规则的特定呈现方式及其选择、安排、组合上整体利用了《太极熊猫》的基本表达，并在此基础上进行美术、音乐、动画、文字等一定内容的再创作，侵害了著作权人享有的改编权。“花千骨”案没有适用反不正当竞争法的复杂考量，推理过程较为简明。

北京的法院审理商业抄袭案件适用反不正当竞争法的经验较多，为《反不正当竞争法》第 2 条适用的界限以及反不正当竞争法补充保护知识产权之外的智力成果的功能提供了实践参考。从相关案例看，我国法院对商业抄袭行为的认定标准可分为两种：一是抄袭导致混淆误认构成不正当竞争；二是不当利用他人智力成果构成不正当竞争。第一种情况还需要满足三种要件：(1)存在竞争关系；(2)被抄袭成果具有一定知名度；(3)抄袭行为会导致一般公众混淆和误认。但是，即使抄袭没有造成混淆，如果可以证明原告在收集、编排、管理上付出了人力、物力、金钱、管理成本等，而被告无偿使用，不劳而获“搭便车”，确实损害了原告利益，亦应当认定为不正当竞争行为。简言之，我国反不正当竞争法对知识产权法之外的智力成果可给予补充性的保护。

四、判决的价值参考

网络游戏引发的纷争愈演愈烈，司法中对游戏行业的认知越来越清晰，对于复杂、重大案件的事实认定、法律适用、论证推理都趋于成熟，而判赔额度的攀升也表明游戏市场的发展和扩大。2019 年游戏案件判决金额在 500 万元以上的有完美公司诉昆仑万维、昆仑乐享使用金庸小说元素案，网易诉华多梦幻西游直播案，腾讯诉英雄互娱等《全民枪战》案等。因此，本案的判决结果对于今后可能产生的此类纠纷提供了类型化指引。而从学理上来说,还未决的问题是,对于反不正当竞争法在知识产权领域扩展保护的边界应如何划定仍有不同的观点,这并非一个共识性问题,本案为边界的划定贡献的要素是游戏人物参数设置是可以纳入《反不正当竞争法》第 2 条的法益。但如前文所述的网站抄袭类案件总结出的反不正当竞争法适用规律,游戏抄袭案件亦需归纳统计,以助划分反不正当竞争法与知识产权的边界。

002

关键词广告的不正当竞争认定 / 张浩然

天津云聚科技有限公司等与北京掌阔移动传媒科技有限公司不正当竞争纠纷案 / 北京知识产权法院民事判决书，(2019)京73民终3773号

事实概要

北京掌阔移动传媒科技有限公司(一审原告、被上诉人,以下简称X)是商标“安沃”“安沃传媒”的商标权人,核定服务项目为第35类(包括在线广告等),其主要通过技术优化进行广告推广业务。天津云聚科技有限公司(一审被告、上诉人,以下简称Y1)在北京百度网讯科技有限公司(一审被告,以下简称Y2)搜索引擎中设置“安沃传媒”“安沃”关键词,用户在搜索引擎中搜索“安沃传媒”时,搜索结果第一项链接名称为“安沃传媒—【云聚移动ASOvip】——全球ASO源头”(以下简称链接名称),链接描述内容为“安沃传媒全球领先APP推广服务商快速提升AppStore优化搜索排名.带来大量真实用户ASOvip提供安沃传媒方案,ASO数据分析,AS……”(以下简称链接描述),链接地址后有“V3”“评价”“广告”等字样。当用户点击进入链接以及“评价”之后,会显示“ASOVIP隶属于天津云聚科技有限公司”等Y相关内容。X向一审法院起诉主张:(1)Y1在搜索引擎推广中设置涉案关键词并在涉案链接名称、描述中予以使用“安沃”“安沃传媒”,属于在相同服务上使用相同商标,侵害了X商标权;(2)Y1行为使公众误认为其与涉案商标及X存在关联,违反了《反不正当竞争法》第2条,构成不正当竞争;(3)Y2未尽到注意义务,应承担帮助侵权责任。一审法院认为,就“安沃传媒”关键词被诉行为构成商标性使用,存在商标性侵权;就“安沃”关键词被诉行为不

构成商标性使用，但构成不正当竞争；Y2 对被链接网站事先无逐条审查之义务，事后收到通知及时停止展示涉案链接已尽到了合理注意义务，不构成共同侵权。Y1 不服一审判决提起上诉。

判决要旨

北京知识产权法院驳回上诉，维持原判。

二审法院认为：(1) Y1 通过设置"安沃传媒"关键词的方式，在搜索结果中将 X 的标识与自己提供的服务相联系，属于在宣传推广过程中在相同服务上使用相同商标，容易造成相关公众误认，侵害了 X 商标专用权。(2) Y1 将"安沃"设置为搜索关键词，但并未证明其他使用行为，其系后台行为而无法向用户发挥标识产品或服务来源之功能，并非商标性使用而不构成商标侵权；但 X 对"安沃"一词在先使用并已积累了一定知名度和商誉，Y1 将"安沃"设置为自己的搜索关键词会导致用户访问 Y1 网站，使原本属于 X 的用户转而购买 Y1 服务，系明显有意剥夺 X 潜在客户的行为，有悖诚实信用原则和公认的商业道德，违反《反不正当竞争法》第 2 条而构成不正当竞争。

评　析

一、判决思路和意义

随着互联网和搜索引擎行业发展，竞价排名或付费搜索已成为搜索引擎运营商的重要营利模式，即搜索引擎服务商对客户提供的网络关键词以付费高低为标准，对购买同一关键词的网络链接在用户搜索结果中进行先后排序展示。关键字广告由此成为经营者重要的商业推广模式，即经营者可向搜索引擎服务商付费添加推广关键词，当用户对某一关键词进行搜索时，搜索引擎会在显示结果页面优先展示经营者设定内容。经营者将其注册商标及其他商业标志设置为搜索关键词，其正当性自不待言；但若将他人注册商标及其他商业标志设置为自身关键词，是否应当以及如何承担侵权责任，以及搜索引擎服务商是否具有审查义务及承担相应责任，当前并未提供明确回答，在理论及司法实践中也存在较大争议。

二审法院区分将他人商标设置为关键词进行竞价排名，并在其网页链接标题或链接描述中使用该关键词(以下简称显性使用)与单纯将他人商标设置为关键词进行竞价排名(以下简称隐性使用)的不同事实，对相关问题进行了系统回答：(1)显性使用行为系商标性使用行为，属于在相同种类服务上使用相同商标，构成商标侵权；(2)隐性使用系后台行为，向用户发挥标识产品或服务来源之功能，并非商标使用行为而不受商标法规制，而应当受《反不正当竞争法》调整，虽然该行为不会导致用户对服务来源混淆，但该行为系攀附商誉而有意剥夺他人潜在客户的行为，明显有悖诚实信用原则和公认的商业道德，违反《反不正当竞争法》第2条而构成不正当竞争；(3)搜索引擎服务商对关键字设置并无事先审查义务，事后收到通知及时停止展示涉案链接已尽到了合理注意义务，不构成共同侵权。北京知识产权法院在本判决中，就关键字广告规制中的《商标法》与《反不正当竞争法》调整界限、不正当竞争责任判断标准以及第三方平台注意义务等关键问题明确了立场，为此后相关问题提供参考。

二、关键字广告不正当竞争责任认定的规范及学理

我国《商标法》第48条规定：“本法所称商标的使用，是指将商标用于商品、商品包装或者容器以及商品交易文书上，或者将商标用于广告宣传、展览以及其他商业活动中，用于识别商品来源的行为。”对设置搜索关键词并在链接名称和链接描述中适用该关键词的显性使用行为，既有司法实践多认为构成商标性使用进而侵犯商标权；但就仅在后台设置搜索关键词的隐性使用行为，司法实践则多认为其无法被用户可见而用于识别商品来源，故

不构成商标性使用，但可适用《反不正当竞争法》进行调整。

当前，理论和实践就隐性使用是否构成商标性使用，以及是否构成不正当竞争均存在争议。就将他人商标设置为搜索关键词的行为而言，《反不正当竞争法》所列举的不正当竞争行为中并无此类，故当前法院主要适用《反不正当竞争法》第 2 条一般条款，判断该行为是否违反诚实信用原则和公认的商业道德；对于他人在先使用有一定影响的商业标识，法院多从一般商业道德出发，认为攀附他人商誉的“搭便车”行为构成不正当竞争。有学者对此表示支持，认为从维护商业道德伦理，惩罚不劳而获而利用他人创新成果获得竞争优势的行为出发，在《商标法》对注册驰名商标反淡化保护之外，应扩张《反不正当竞争法》一般条款适用，将“搭便车”划入驰名商标之外的不当利用商誉行为范畴。〔1〕

但同时也存在不同观点：第一，从教义学的角度，反不正当竞争法对商业标识保护应与商标法保护相协调，以规制混淆行为为主。关于反不正当竞争法保护与知识产权法保护之间的关系，理论上通常采用“补充保护说”，即反不正当竞争法应在不抵触知识产权立法政策的前提下进行扩展保护。〔2〕 但最高人民法院（以下简称最高院）在司法政策中（法发〔2009〕23 号第 11 条）提出，要“妥善处理专利、商标、著作权等知识产权专门法与反不正当竞争法的关系，反不正当竞争法补充性保护不能抵触专门法的立法政策，凡专门法已作穷尽规定的，原则上不再以反不正当竞争法作扩展保护。凡反不正当竞争法已在特别规定中作穷尽性保护的行为，一般不再按照原则规定扩展其保护范围；对于其未作特别规定的竞争行为，只有按照公认的商业标准和普遍认识能够认定违反原则规定时，才可以认定构成不正当竞争行为，防止因不适当地扩大不正当竞争范围而妨碍自由、公平竞争”。这

〔1〕 参见冯术杰：《“搭便车”的竞争法规制》，载《清华法学》2019 年第 1 期。

〔2〕 参见吴汉东：《论反不正当竞争中的知识产权问题》，载《现代法学》2013 年第 1 期。

一态度在一定程度上，与知识产权法与反不正当竞争法两种不同的保护路径应平行适用的“平行保护说”[1]相似。第二，从政策角度出发，有学者认为“搭便车”理论在商业标识保护中，应保持谦抑性。当前司法实践从“不劳而获”“食人而肥”的道德直觉出发，宽泛地适用“搭便车”理论具有强烈的正向赋权效果，使商业标识所有人对该标识产生了具有近乎绝对的权利；但评价竞争者行为是否正当，应当是各种利益的综合排序和衡量，只有在实质性损害竞争者和消费者利益时才具有规制之必要。将他人商标设置为搜索关键词，同时将付费推广与自然搜索结果相区分，并不会实质性损害商标权人利益而不构成不正当竞争。[2]

三、以往司法实践

关于隐性使用行为是否构成不正当竞争，司法实践也存在不同观点。

大部分法院认为，该行为系攀附他人商誉的“搭便车”行为，违反诚信原则和一般商业道德而构成不正当竞争。如最高院在（2015）民申字第3340号民事裁定书中认为，原被告之间存在直接竞争关系，在原告企业名称和字号在行业具有一定知名度的前提下，被告将其设置为关键词没有任何正当理由，显然具有利用他人商誉、不正当获取竞争优势的主观故意，在搜索结果中将被告广告推送于首位，极有可能吸引相关公众的注意力而点击，为被告带来商业机会而使原告损失潜在商业机会，有悖于诚实信用原则和公认的商业道德，构成不正当竞争。

有的法院则认为，隐性使用行为不会造成相关公众混淆，亦未达到违反诚实信用和商业道德的程度，不构成不正当竞争。如北京市高级人民法院

---

〔1〕 参见张伟君：《从“金庸诉江南”案看反不正当竞争法与知识产权法的关系》，载《知识产权》2018年第10期。

〔2〕 参见周樨平：《商业标识保护中“搭便车”理论的运用——从关键词不正当竞争案切入》，载《法学》2017年第5期。

在(2013)高民终字第1620号判决书中认为,将他人商标设置为搜索关键词而未向公众展示不构成商标性使用;使用某一商标作为搜索关键词,其目的并不一定是寻找与该商标尤其是商标所有人相关的信息。商标权人的网页或广告通常会出现在自然搜索结果中的靠前位置,他人将该商标设置为关键词的行为对自然搜索结果并无影响;如果他人的推广链接中并没有使用权利人的商标,并且清楚地说明了商品来源等相关信息,不会造成相关公众的混淆;以此方式增加自己网站在搜索结果中的出现机会,不会构成不正当竞争。

四、判决的价值参考

在本案中,二审法院区分在关键字广告中对他人商标进行显性使用和隐性使用的不同事实,明确了对于关键字广告商标法和反不正当竞争法规制路径,在不正当竞争责任判断中,最高院与大多数法院在先司法裁判立场一致,确保了法律适用的确定性。但本案也存在反不正当竞争法一般条款适用的普遍性问题,即从“不劳而获”“食人而肥”的道德直觉判断竞争行为正当与否,可能导致竞争利益权利化;不同法院对“公认的商业道德”认识不一致,针对同一问题司法裁判结果可能不同。一般条款的适用并非毫无约束的自由挥洒,而是以一定竞争价值取向为前提。在比较法中,不同国家在竞争公平与自由价值之间取舍不同,例如,英国法除了知识产权与假冒侵权之外,并不存在不正当竞争概念,将自由竞争视为最高价值;法国法则将维护商业道德、竞争公平目标置于竞争自由之上,侧重于对竞争行为“公平和诚实”的总体评价,对不劳而获的寄生竞争行为予以普遍性规制;德国法、美国法则在这一谱系中处于相对中间位置。

针对关键字广告的不正当竞争责任认定,笔者认为:第一,反不正当竞争法一般条款应在商标法、反法不正当竞争行为法定类型之外对商业标识保护发挥补充性作用,商标法将防止减弱、贬损、不正当利用他人声誉的反淡化保护客体限定于注册驰名商标,反不正当竞争法对未注册标识的保护仅限于防止仿冒混淆行为的前提,在既有立法未对商业标识"搭便车"行为作出规定的情况下,应当认为立法采取了鼓励自由竞争的价值取向,不应将"搭便车"理论广泛适用于商业标识保护中;第二,从道德直觉出发适用反不正当竞争法一般条款,会导致竞争利益权利化而限制自由竞争,故在一般条款适用中应采谦抑性立场平衡不同利益,尤以消费者、竞争者利益受到实质性损害为前提。

003

滥用商标行政程序抢注他人商标构成不正当竞争 / 曾俊

碧然德有限公司等与上海康点实业有限公司不正当竞争纠纷案／上海闵行区人民法院民事判决书，(2017)沪0112民初26614号

事实概要

碧然德有限公司(原告,以下简称X1)自1992年起在第11类商品类别上注册“BRITA”等商标,之后通过经销商进口BRITA品牌产品进入中国市场。X的全资子公司碧然德净水系统(上海)有限公司(原告,以下简称X2)于2013年2月在中国设立,随之碧然德品牌产品的知晓度和市场占有率持续增长,同时原告的中英文企业字号“碧然德”“BRITA”经过大量宣传和商业使用为相关公众所熟悉,具有较高的知名度。上海康点实业有限公司(被告,以下简称Y)2010年成立,在网络平台开设店铺销售“碧然德”滤水壶、滤芯等产品,并宣称“德国碧然德滤水壶原装正品批发商”“长期合作品牌:罗氏、拜耳……碧然德”等;在微信平台以“碧然德”“碧然德BRITA滤水壶”为名经营销售,并发布“碧然德官方旗舰店微官网”“碧然德品牌故事”等文字介绍。在其两微信公众号被投诉注销后,Y又更换名称重新注册,继续开展销售业务。与此同时,Y还在多个商品及服务类别上申请注册“碧然德”“德碧然德”“BRITA”等商标共计21枚,经国家商标行政管理部门审查,均不予核准注册或被宣告无效。X1、X2针对Y的“德碧然德”商标申请宣告无效,历经行政、司法程序最终获得支持。而Y以该“德碧然德”商标作为引证商标,请求宣告X1、X2的“碧然德”注册商标无效,并对两公司正在申请注册的其他6枚商标提出异议,经审查均未获得支持。

判决要旨

一审法院认定，Y构成不正当竞争，双方未提出上诉。

首先，法院认为，Y明知X1、X2享有“BRITA”“碧然德”等注册商标的专用权，未经其许可在产品检测报告、产品包装盒及宣传册等所关联的商品上使用与原告注册商标相同或近似的商标标识，并通过微信公众号及网络平台销售，其行为构成对原告上述注册商标专用权的侵犯。

其次，法院认为，Y在网络和微信上的宣传行为意图在于向公众传递其本身即为X1、X2或者与其产品存在特定联系等虚假信息，足以导致或加深混淆误认的发生，属于虚假宣传的不正当竞争行为。另外，Y通过恶意抢注行为损害X1、X2在先权利，并滥用异议、无效宣告等程序，干扰、阻碍X1、X2正常行使商标权利，属于有明显主观恶意的攀附商誉行为，扰乱了市场竞争秩序，具有不正当竞争性。

评　析

一、判决思路和意义

根据我国《商标法》的相关规定，侵犯商标专用权以在类似商品上使用与其注册商标相同或者近似的商标，容易导致混淆的为构成要件。一审法院的说理逻辑如下：

首先，X1早在Y设立之前，于1993年获准在第11类商品上注册“BRITA”商标、于2010年注册与该“BRITA”商标对应的中文商标“碧然德”以及一系列子品牌商标，且经过在产品上的长期使用与宣传，使这些商标具有一定知名度。Y通过广告推销被诉侵权的滤水壶及滤芯与X1注册商标核定使用商品及服务类型相同或类似。

其次，以相关公众的一般注意力为标准，对商标的整体及主要部分比对，发现双方的多件商标在视觉上基本无差别，Y系属在类似商品上使用与X1、X2注册商标相同商标；有的被诉侵权标识完整地包含了X1的“碧然德”“BRITA”商标标识、仅存在英文字母大小写的差异，构成近似商标，侵害X1、X2 的商标专用权。

最后，《反不正当竞争法》第 2 条除了以公平诚信和商业道德等一般原则对知识产权法进行补充之外，还有对扰乱市场竞争秩序，损害竞争者和消费者利益的其他不正当竞争行为的明确规制。本案不仅出现了明显攀附商誉的“搭便车”行为，还出现了恶意抢注和利用正当的异议程序行不正当之辩的特殊情形。法院认为：(1) Y 的宣传行为意图在于向公众传递其本身即为 X1、X2 或者与其产品存在特定联系等虚假信息，导致或加深了混淆的发生；(2) Y 以不当注册的类似商标作为引证商标对 X1、X2 的注册商标请求宣告无效，以及对原告申请注册中的多枚商标提出异议，导致相关行政程序和诉讼程序繁多而耗时，符合《反不正当竞争法》第 2 条规定的不正当竞争行为构成要件，且有必要认定其违法性质，并承担相应的民事责任。

在本案中，Y 的行为不属于同一违法行为的竞合，而是分别存在两个违法行为：一为侵害商标权，二为恶意注册和滥用程序。本案明确了滥用商标行政程序的规制理由和法律适用，具有参考意义。

二、滥用商标行政程序行为规范及学理

滥用商标行政程序涉及的法律适用依据主要为《商标法》《反不正当竞争法》以及《民法典》。该行为在本案中，具体可分解为恶意注册商标以及恶意提出异议两个部分。

1. 本案法院在说理过程中提到，被告违反诚实信用和商业道德，扰乱市场秩序，因此选择了《反不正当竞争法》第 2 条进行规制，这具有一定的合理性。《商标法》第 7 条规定：“申请注册和使用商标，应当遵循诚实信用原则。商标使用人应当对其使用商标的商品质量负责。各级工商行政管理部门应当通过商标管理，制止欺骗消费者的行为。”这一规定意在引导商标当事人

诚实守信，依法按需注册和使用商标，对恶意注册行为或可依据该条进行规制，但该条款与《民法典》第7条诚实信用原则有类似的局限性，即在具体案件中的适用性弱于《反不正当竞争法》第2条，而且不易在恶意提起商标异议案件中适用。

2. 我国2019年《商标法》新增条款，明确规定禁止商标恶意注册，并对分则部分相关条款进行修改，旨在加大对商标恶意注册行为的处罚力度。但是，有观点认为该条款过于抽象，存在法律适用上的困难，因此可适用《反不正当竞争法》等法律追究侵权人的民事责任。[1] 另外，在《反不正当竞争法》中，也可对一般条款进行拆分，规定"阻碍竞争"的兜底条款以维护竞争者利益。[2]

当然，这需要明确"恶意"的含义。恶意注册商标的行为一般不是为了自行使用，而主要是为了商业维权获利。实践中的恶意异议则主要存在两种类型：一是利用异议程序敲诈对方当事人；二是将异议程序作为打击竞争对手的工具。[3] 从竞争角度看，异议程序的启动可以延缓竞争对手商品的上市时间，削弱其市场竞争力，在无处理期限限制下，异议程序自然会被当作不正当竞争的工具使用，而商标局的审查效率更强化了恶意异议人的非理性选择。并且，《商标法》第36条第2款的规定不能成为有效的惩罚措施，该条规定："经审查异议不成立而准予注册的商标……自该商标公告期满之日起至准予注册决定做出前，对他人在同一种或者类似商品上使用与该商标相同或者近似的标志的行为不具有追溯力；但是，因该使用人的恶意给商标注册人造成的损失，应当给予赔偿。"这样的规定较为模糊，没有明确

〔1〕 参见王莲峰：《规制商标恶意注册的法律适用问题研究》，载《中州学刊》2020年第1期。

〔2〕 参见柴耀田：《反不正当竞争法一般条款的体系化功能——德国2015年〈反不正当竞争法〉改革对中国修法的启示》，载《电子知识产权》2016年第10期。

〔3〕 参见张苒：《防范"恶意商标异议"行为》，载《中国知识产权报》2015年12月25日，第7版。

惩罚额度，反向激励了违法经营者利用12个月到36个月的较长期限提起恶意异议与复审程序。因为其恶意异议的目的不在于驳回注册，而在于延缓注册，于是有学者提出援引《商标法》的诚实信用规则的解释进行救济。[1]

综上可知，《商标法》中诚实信用一般原则和具体的条文的规定均存在局限性，或是无法完全覆盖本案的滥用行政程序行为，或是缺乏惩罚效力。尽管《反不正当竞争法》第2条亦是一般条款，但其本质是从侵权法而来，具有对行为的规制作用，因此，本案法院适用《反不正当竞争法》规制虚假宣传和滥用商标行政程序更恰当。

三、以往司法实践

在司法实践中，利用恶意注册商标的基础进一步提出异议程序的情形较为少见。在异议程序中，常见的是异议人为正当的在先权利人对“搭便车”的商标提出异议。2018年商标局审理的第17883296号“利君方圆”商标异议案，便是属于正常的商标异议行政程序的案件。在这种情况下，法院一般会认为被异议人在类似商品上申请近似商标。属于“傍名牌”“搭便车”，可直接适用《商标法》第7条的诚实信用原则。其次，在恶意注册商标方面，常见的亦是通过恶意注册商标进行“商业维权”，成为知识产权“流氓”。例如，2018年浙江省杭州市余杭区人民法院审理的“水宝宝”案。该案被告李某抢注200多个商标，包括拜耳集团旗下的“水宝宝”商标，并对拜耳提出转让商标和付费撤诉的要求。随后，被拜耳集团起诉。在浙江省杭州市余杭区人民法院(2017)浙0110民初18627号民事判决书中，法院认为李某的该种通过侵犯他人在先权利而恶意取得、行使商标权的行为，违反了诚实信用原则，扰乱了市场的正当竞争秩序，应认定为《反不正当竞争法》第2条规定

[1] 参见孙山：《诚实信用原则条款在商标救济程序中的体系化适用》，载《南大法学》2020年第3期。

的不正当竞争行为。以上案件虽然没有对侵权人的恶意特意论证，但是案件的说理过程通常都会提及其非正当性或者对权利人竞争的阻碍，为本案法院直接援引《反不正当竞争法》第2条提供事实依据。

四、判决的价值参考

尽管《反不正当竞争法》没有对恶意抢注、滥用异议处理程序等行为的类型作出特别规定，但对于不正当竞争行为的一般构成要件，该法第2条作出了明确具体的规定，在没有特别规定的情况下，符合第2条规定要件的，依法应认定构成不正当竞争。本判决的特殊之处在于，一般而言，商标异议程序是对恶意抢注行为的救济和缓解，而在本案中，Y先行恶意抢注X1、X2的系列商标，再对原告商标提出异议，这一较为罕见的战略性商标侵权对今后经营者的商标战略、商标行政管理部门以及司法机关的相关工作具有提示作用。此外，本案也涉及知识产权法与反不正当竞争法之间的边界划分，这是未来司法实践者裁判说理中不能懈怠的课题。

004

网络侵权错误恶意通知的责任认定 / 张浩然

天津市嘉瑞宝金属制品有限公司与天津多维斯地毯有限公司、邓某等不正当竞争纠纷案 / **天津市滨海新区人民法院民事判决书，(2019)津0116民初5880号**

事实概要

天津市嘉瑞宝金属制品有限公司(原告，以下简称X)在天猫平台开设店铺进行地毯销售。天津多维斯地毯有限公司(被告，以下简称Y)法定代表人赵某，委托知识产权代理人邓某，在徐某不知情的情况下对非由其创作的“灰色格子拼地毯图形”等3幅美术作品以其名义进行了著作权登记，由Y等以被许可人的身份，在阿里巴巴知识产权保护平台对X经营地毯产品发起5次著作权侵权投诉，导致X经营两种产品的3个链接被删除。因此，原告依据《反不正当竞争法》第2条的规定，主张Y等行为构成不正当竞争而向法院起诉。

判决要旨

天津市滨海新区人民法院(以下简称滨海法院)认为，被告行为构成不正当竞争。依据《反不正当竞争法》第2条的规定，投诉行为是否构成不正当竞争，应结合原告是否具有《反不正当竞争法》保护的权益，原被告是否存在竞争关系，投诉行为是否正当以及被诉行为的损害后果加以考量。在本案中：(1)X具有不受干扰、正常经营的合法权益；(2)X与Y存在直接竞争关系；(3)Y

及赵某明知其不具有投诉资格、不能证明存在侵权的情况下，以虚假的版权登记利用阿里巴巴知识产权保护平台规则进行投诉致原告商品链接被删除，意图通过打击对手而获取自身优势的主观恶意明显，属于典型的恶意投诉；(4)涉案投诉行为实际损害了原告的利益，并扰乱了平台竞争秩序，故构成不正当竞争。被告邓某作为知识产权代理人明知Y、赵某等存在恶意投诉之嫌，却未尽到合理审查义务，客观上为不正当竞争行为提供了帮助，构成共同侵权。

评 析

一、判决思路和意义

在我国，网络侵权“通知—删除”规则最早在著作权领域的《信息网络传播权保护条例》中确立，此后先后被《侵权责任法》《电子商务法》《民法典》采纳，目前已成为调整网络侵权的一般规则。以此作为网络服务提供者免责条款，可能导致网络服务提供者收到通知后未正确、充分判断即删除被投诉链接，从而导致通知错误甚至恶意损害他人利益。早期在版权网络侵权领域，因错误通知而索赔的情形极少，但当其适用于电子商务领域后，出现了大量滥用“通知—删除”规则错误或恶意通知而妨碍竞争的情形。对此，立法虽然规定了错误恶意通知应当承担民事责任，但其认定要件、规则原则等尚不明确。本判决明确，不正当网络侵权投诉行为可受《反不正当竞争法》第2条规制，从原告是否具有反不正当竞争法保护权益，原被告之间是否存在竞争关系，被告的投诉行为是否构成恶意投诉，被诉行为造成的损害后果四个方面进行认定。其在以下两个方面具有典型意义：(1)认定“民法上的恶意，指行为人明知相应的行为缺乏法律依据仍故意为之”，明知不具有投诉资格且不能证明存在侵权的情况下仍然投诉，属典型的恶意投诉；(2)代理人在代为维权过程中负谨慎注意义务，知道或应当知道当事人系恶意投诉，仍然提供帮助的，应承担连带责任。

二、网络侵权通知责任认定的规范与法理

关于错误或不当网络侵权通知的责任承担，《信息网络传播权保护条例》《电子商务法》《民法典》均有规定，但既有立法条款仅模糊地规定了对错误、恶意通知应当承担"民事责任""侵权责任""赔偿责任"，并未明确其构成要件、规则原则，同时由于三者规定不同而就其内涵也存在争议。

第一，有观点认为，"错误通知"应当承担无过错赔偿责任，理由在于"错误"定性的是通知本身，而非通知人的主观状态；同时，"通知—删除"规则起到了类似诉前禁令的效果，一旦发出通知即可能导致经营者的损失，由通知人承担错误通知的后果，符合权责统一原则。"通知错误"应取决于投诉删除链接后，司法审判或行政机关是否认定侵权成立，如果实质不侵权则为"通知错误"。[1] 关于什么是"合格通知"，依据最高人民法院《关于审理涉电子商务平台知识产权民事案件的指导意见》（法发〔2020〕32号，以下简称《意见》）第5条的规定："知识产权权利人依据电子商务法第四十二条的规定，向电子商务平台经营者发出的通知一般包括：知识产权权利证明及权利人的真实身份信息；能够实现准确定位的被诉侵权商品或者服务信息；构成侵权的初步证据；通知真实性的书面保证等。通知应当采取书面形式。"据此，有学者认为，判定"错误通知"应考察：(1)权利人的身份是否真实；(2)权利是否合法有效；(3)投诉人所主张的侵权事实是否具有高度盖然性。如果满足相关要件，则投诉人已通过客观行动证明了其在主观上有善意、相

〔1〕 参见浙江省高级人民法院联合课题组：《关于电商领域知识产权法律责任的调研报告》，载《人民司法(应用)》2020年第7期；程啸：《论我国〈民法典〉网络侵权责任中的通知规则》，载《武汉大学学报(哲学社会科学版)》2020年第6期。

信被投诉人构成侵权,不构成“错误通知”。[1]

第二,关于“恶意通知”的认定,理论上一般认为应适用过错原则,即“通知错误”基础上具有“恶意”之念,但就主观过错程度存在不同理解。有学者认为,“恶意”应限于他人明知无权通知或通知依据不充分,仍然发起通知从而给被通知人造成损失的情形,[2]有观点则认为,其既包括明知也包括应知的情形。[3]《意见》第6条明确了“恶意”考量因素应包括:“提交伪造、变造的权利证明;提交虚假侵权对比的鉴定意见、专家意见;明知权利状态不稳定仍发出通知;明知通知错误仍不及时撤回或者更正;反复提交错误通知等。”参考该意见列举的要素,“恶意”应限于明知的情形。

第三,关于错误恶意通知的规制路径,在理论上,当事人可主张民法上一般侵权责任;但在实践中,恶意投诉行为多发生于经营者之间,故经营者多主张构成不正当竞争,在现有立法缺乏相应不正当行为类型列举的前提下,法院主要依据《反不正当竞争法》一般条款进行调整。这两种路径之间的适用关系需要澄清,换言之,“错误通知”“恶意通知”行为是否属于不正当竞争,以及其与侵权责任法适用关系为何?最高人民法院在(2009)民申字第1065号民事判决书中明确了一般条款的适用前提:一是法律对该种竞争行为未作出特别规定;二是其他经营者的合法权益确因该竞争行为而受到了实际损害;三是该种竞争行为因确属违反诚实信用原则和公认的商业道德而具有不正当性或者说可责性。应当说,错误恶意通知是否构成不正当竞争的判定,关键在于该行为是否具有不正当性;在立法明确规定错误恶意通知责任的情况下,当事人能否主张该行为具有不正当性,或仍需依《反不

〔1〕参见杜颖、刘斯宇:《电商平台恶意投诉的构成分析与规制创新》,载《中国应用法学》2020年第6期。

〔2〕参见李超光、林秀芹:《〈电子商务法〉下“恶意错误通知”认定标准研究》,载《大连理工大学学报(社会科学版)》2020年第3期

〔3〕参见浙江省高级人民法院联合课题组:《关于电商领域知识产权法律责任的调研报告》,载《人民司法(应用)》2020年第7期。

正当竞争法》一般条款考量要素进行衡平，目前并不明确。有观点认为，“现有法律框架内，因通知错误给被通知人造成损害的，应当承担一般民事侵权责任；恶意发出错误通知的，被通知人既可以提出一般民事侵权之诉，且均有权基于《电子商务法》第42条第3款规定，要求通知人加倍承担赔偿责任”。[1] 本判决也更接近该立场，即法院并未从其违法性出发，而是论证了恶意通知行为本身的不正当性，但“错误通知”如何界定以及是否构成不正当竞争，则仍有待研究。

三、以往司法实践

针对滥用“通知—删除”规则或恶意通知而妨碍竞争的情形，在实践中主要存在两种规制路径。

第一，大部分案件为不正当竞争纠纷，其中绝大多数案件适用《反不正当竞争法》一般条款进行调整，即竞争者明知无权投诉或投诉依据不充分的“恶意投诉”行为将违反《反不正当竞争法》第2条规定。浙江省高级人民法院课题组归纳既有司法实践提出“恶意通知”包括以下情形：(1)通知人明知其并非权利人，而伪造、变造权利归属进行投诉；(2)权利外观正当，但权利状态不稳定或有瑕疵，权利人明知此情形而进行投诉；(3)权利正当稳定，但通知人明知销售商品并未侵权，而出于打击竞争对手目的发起投诉。[2] 杭州市余杭区人民法院在(2020)浙0110民初6382号民事判决书中还认定，不以使用为目的，囤积、抢注他人在先使用商标进行投诉的行为，也属于恶意投诉而构成不正当竞争。此外，对伪造权利信息进行投诉的情形，在少量案件中法院适用《反不正当竞争法》第11条的商业诋毁进行调整。例如，四

---

〔1〕 浙江省高级人民法院联合课题组：《关于电商领域知识产权法律责任的调研报告》，载《人民司法(应用)》2020年第7期。

〔2〕 参见浙江省高级人民法院联合课题组：《关于电商领域知识产权法律责任的调研报告》，载《人民司法(应用)》2020年第7期。

川省高级人民法院在(2019)川知民终134号民事判决书中认为,被告通过伪造商标注册证进行投诉的方式,致使阿里巴巴公司平台以侵犯他人商标权为由对原告店铺进行了处罚,对原告的商业信誉、商品声誉造成了损害,构成《反不正当竞争法》第11条规定的商业诋毁行为。

第二,部分案件适用侵权责任法一般条款进行调整。如浙江省杭州市余杭区人民法院在(2020)浙0110民初4220号民事判决书中认为,在法院嗣后判定原告产品未侵犯被告专利的前提下,被告向阿里巴巴知识产权保护平台就原告网店发起的专利侵权投诉属于"错误通知",造成原告遭受经济损失而侵害了其财产权,被告同时存在一定主观过错,应依据原《侵权责任法》第6条承担过错责任。除了平台内部经营者,电商平台也可以向错误恶意通知者主张侵权责任。北京互联网法院在(2019)京0491民初1601号民事判决书中认为,原告淘宝公司在其正常经营活动受到损害时有权提起诉讼,被告虚假投诉行为,除了造成被投诉的商家经营活动无法正常开展外,也造成了原告正常的经营管理活动受到影响,客观上了造成了原告管理费用等经营成本的增加,应依据原《侵权责任法》第2条、第6条承担责任。

四、判决的价值参考

在当前"通知—删除"规则被广泛滥用损害竞争的背景下,本判决明确可以通过《反不正当竞争法》一般条款调整不当网络侵权投诉行为,并从原告是否具有反不正当竞争法保护权益,原被告之间是否存在竞争关系,被告的投诉行为是否构成恶意投诉,被诉行为造成的损害后果明确了一般分析框架,尤其是对"恶意投诉"以及代理人帮助侵权的责任认定标准予以了明确,可以更加有效地遏制恶意通知行为。但仍有一系列问题亟待澄清:错误恶意通知规制究竟应采何种路径,如何处理侵权责任法与反不正当竞争法的适用关系和标准差异，立法所规定的“错误通知”和“恶意通知”能否直接认定为反不正当竞争法上的不正当竞争行为，以及如何认定“错误通知”及其归责原则等，仍待进一步探索。

005

销售刮码产品的责任认定 / 魏立舟

玫琳凯公司与马某某侵害商标权及不正当竞争纠纷案 / 浙江省高级人民法院民事判决书,(2020)浙民终479号

事实概要

玫琳凯公司(一审原告、被上诉人,以下简称X)系“玫琳凯”“MARY KAY”商标注册人,核定使用在化妆品等商品。自1995年进入中国以来,其商标获得了较高的知名度。X在经营中采取“直销+产品+售后服务”的经营模式,将产品直接销售给终端消费者,并通过美容顾问为消费者提供个性化的咨询服务和彩妆指导等,培养消费者对品牌的忠诚度。同时,X采用直销统一定价模式,禁止美容顾问对外打折销售,根据业绩给予其相应的提成和奖励。为了管控产品价格和维护直销体系,X通过产品条形码和二维码来追溯销售链,美容顾问违反规定打折销售会被取消订购资格。马某某(一审被告、上诉人,以下简称Y)经营的淘宝店铺中打折出售刮码后的X产品,但相关情况均向消费者进行了说明。X认为,Y侵害了涉案商标权并构成不正当竞争,遂诉至一审法院。

一审法院认为:第一,涉案商品的二维码、批号系涉案商品附载的重要信息,Y将X的商品刮码后销售,破坏了涉案注册商标的识别商品来源、品质保证和信誉承载等功能,给X造成了损害,属于《商标法》第57条第7款“给他人的注册商标专用权造成其他损害”的行为。第二,X的直销模式具有商业价值,Y的打折销售刮码产品行为切断了用户使用X产品和服务的正常过程,属于不正当地利用X的竞争优势以谋取自身的交易机会,其行为

既损害了消费者的权益，又违反了诚实信用原则和公认的商业道德，有损公平竞争的市场秩序，违反《反不正当竞争法》第 2 条构成不正当竞争。Y 不服一审判决提起上诉。

判决要旨

浙江省高级人民法院撤销一审判决，改判 Y 的行为不构成商标侵权和不正当竞争。

法院认为：第一，Y 销售刮码产品的行为可以适用商标权权利用尽原则，不构成对涉案商标权的侵害。第二，综合考虑经营者、消费者和社会公众的利益，Y 的被诉侵权行为并未违反《反不正当竞争法》第 2 条，不构成不正当竞争。

评　析

一、判决意义和思路

关于销售刮码产品是否为法律所允许，业界多有争讼。法院面对此类案件，传统上倾向于采取保护主义的路径，即认定此类行为构成不正当竞争或商标侵权。二审法院在本案中一领风气之先，在综合考量经营者、消费者和社会公众利益后，认定此类行为不构成不正当竞争和商标侵权。与以往相关判决比较，二审判决更多地体现了尊重市场自由竞争的司法政策。

（一）被诉行为的界定

二审法院认为，X 未提交充分证据证明被告 Y 实施了刮码行为，因此仅就 Y 销售刮码产品的行为进行法律上的评价。显然，从生产商手中获得产品后单纯将产品刮码但不进行销售不会构成违法，所以问题的核心在于销售刮码产品、而非刮码行为本身是否违法。

（二）不构成商标侵权

二审法院认为，X 的美容顾问将被控产品销售给 Y 原则上商标权发生权利用尽，只要Y后续再次销售行为未破坏原有商标功能，X作为商标权人就不能禁止。在被诉侵权产品为正品的情况下，虽然二维码及生产批号部分信息被刮除，但该商品源于X属于客观事实，不会造成相关公众的混淆误认。此外，涉案商品的品质保障功能并不因二维码、生产批号等信息的缺失而受到影响。最后，Y将刮码原因告知了消费者，消费者对所购产品的质量、包装有一定预期，知晓其难以享受X原有商业模式下的全部服务，因此被诉行为并不会导致X品牌价值的贬损。综上，Y不侵犯X的商标权。

（三）不构成不正当竞争行为

二审法院还从反不正当竞争法方向入手对被诉行为进行了分析。首先，在Y以合法方式获得X的商品后，X已经通过销售商品或奖励给美容顾问等方式获取了商品的利润，其作为商品生产者的利益并未受影响。其次，从提供给消费者商品的品质保障角度，因为被诉侵权产品系正品，如产品质量出现问题，X和Y均不能因产品被刮码而免除产品责任。最后，Y在并不负有法定或约定义务维护X直销商业模式的情况下，其将支付了合理对价获取的刮码正品，在网店中销售，并作了较充分的说明，并未违反诚实信用原则和公认的商业道德。综合考虑经营者、消费者和社会公众的利益，Y的被诉侵权行为并未违反《反不正当竞争法》第2条，不构成不正当竞争。

二、与销售刮码产品相关的规范及学理

销售刮码产品的情况在现实生活中并不少见，如代理商"串货"行为。一般来说，生产商在不同地域有不同的代理商，不同的地域有不同的价格和销售配额，代理商根据合同约定只能在生产商指定的地域进行销售。如果有代理商想利用价格差将低价格区域的产品卖到高价格区域，为躲避生产商通过条码对串货产品进行溯源，就会选择将其刮除。在本案中，生产商的业务员为了提高销量拿出自己一部分提成来补贴消费者，而为了逃避生产

商追究责任,其选择将相关条码刮除。在这种情况下,虽然消费者能以较低的价格购买到正品,但是会直接破坏生产商原有商业模式的维系。

如何认定销售刮码产品的法律责任,关系到生产商(往往也是商标权人)在产品首次销售进入流通渠道后在多大程度上还可以继续控制相关产品流转的问题。就法理角度而言,该问题涉及如何平衡生产商享有的商标权与销售商所有的物权之间的冲突。虽然我国《商标法》没有明确规定权利用尽的限制和例外规则,但理论上[1]和司法实践对此都予以确认。原则上,商品经商标权人同意完成首次销售后,商标权人就不能再控制商品后续的流转。但从比较法角度观察,法律对权利用尽这一例外也设置了"例外之例外",即如果有关商品的状况在首次销售之后发生了改变或受损,则商标权人仍有权禁止该商品的继续销售,如《德国商标法》第24条第2款。从理论上说,权利人可以根据"例外之例外"的规定对销售刮码产品的行为提起诉讼。我国《商标法》中权利用尽的规定付之阙如,更遑论"例外之例外"的法条表述,因此法院在处理销售刮码商品行为时可能会将目光投向我国《商标法》第57条第7款"给他人注册商标专用权造成其他损害"这一兜底条款,结合商标来源识别、品质保证等功能来判断是否满足"造成其他损害",如"玫琳凯"案的一审法院判决;但这并非公认判定规则,二审法院即认为被控行为不影响涉案注册商标的相关功能,因此不构成我国《商标法》第57条第7款的商标侵权。

销售刮码产品的行为也可以从反不正当竞争法的角度进行评价。一般来说,该行为并不构成《反不正当竞争法》所列举的具体性不正当竞争行为,所以《反不正当竞争法》第2条第2款的一般条款就成为法院在审判此类案件时的主要规范基础(但有例外个案适用第8条虚假宣传,后述)。《反不正

---

[1] 参见马工程教材《知识产权法学》编写组:《知识产权法学》,高等教育出版社2019年版,第208页;黄晖:《商标法》(第2版),法律出版社2015年版,第184页。

当竞争法》一般条款以实现公共利益、经营者利益与消费者利益“三元叠加”为保护目标，[1]因此法院在讨论被控行为是否违反一般条款时通常会综合考虑经营者、消费者和社会公众的利益进行全盘考量；但究其实质，判断销售刮码产品是否具有正当性，主要考量的还是生产商（品牌商）维护既有经营模式的利益与销售商营业自由利益两者间的博弈。从比较法上看，德国联邦最高法院对销售刮码产品的行为也持否定态度，认为“品牌商为了监控销售渠道在产品上设置生产码以维持约束力，如果该销售模式不违法，那么第三人磨码或者销售磨码产品的行为构成商标侵权和反不正当竞争行为。”[2]当然，如果该种经营模式本身就存在违法性（如传销等），则另当别论。

三、以往司法实践

以往司法实践对销售刮码产品是否合法这一问题多持否定态度，但个别案例因刮码导致商品关键信息丢失，将销售刮码的行为归属于《反不正当竞争法》第 8 条规范的宣传行为，似有检讨之必要。例如，江苏省苏州市中级人民法院在“绝对伏特加”案中[3]认为销售刮码产品构成违法行为，并从商标侵权与不正当竞争两方面入手进行了分析。该判决认为被控行为首先属于现行《商标法》第 57 条第 7 款下“对他人的注册商标专用权造成其他损害”的情形，因为行为人主观上有隐匿商品来源的恶意，客观上不仅破坏了商品的整体性导致商品关键信息丢失，而且实质上影响了商标的识别功能、侵害了消费者对商品来源及产品信息的知情权，导致误认或混淆。此外，该行为妨碍了商标权利人对产品质量的追踪管理，干扰了商标权利人控制产

---

〔1〕 参见孔祥俊：《反不正当竞争法新原理：原论》，法律出版社 2019 年版，第 17 页。
〔2〕 参见 Außenseiteranspruch Ⅱ一案，[BGH GRUR 2000，724]。
〔3〕 参见（2013）苏中知民初字第 175 号民事判决书。

品质量的权利，致使商标权人商标权益受损。江苏省苏州市中级人民法院认定被控行为构成不正当竞争行为援引的是现行《反不正当竞争法》第 8 条“引人误解的虚假行为”，而非第 2 条一般条款。

四、判决的价值参考

目前，本案当事人已向最高人民法院提出了再审请求。无论再审结果如何，本判决都在如何处理销售刮码产品这一问题上提供了一种迥异于以往判决的新见解，体现了二审法院在处理不正当竞争案件时所秉持的“谦抑”的司法态度。后来者在碰到同一话题时，必然绕不过本案以及由本案引申出的下列课题：

1. 在处理销售刮码产品这一问题时，商标法和反不正当竞争法之间的适用关系为何？对此有两种观点：(1) 有些法院采法条竞合说，认为在这一问题上适用反法、排除商标法的适用；(2) 有些法院采取请求权竞合说，认为可以从商标侵权或不正当竞争两方面对被诉行为进行评价，被侵权人择一行使请求权。如果采请求权竞合说，那么还需要回答的是，商标法上的请求权构成要件和反不正当竞争法上的请求权构成要件是否一致。

2. 如何理解商标法中的来源指示这一法律所保护的核心功能？有些法院为了增强说理，对来源指示功能进行扩张解释，然后认为刮码行为导致某些关键信息丢失，从而影响了消费者对商品来源的确认。这样的理解恰当与否？来源指示功能的实质究竟为何？

3. 传统观点认为，来源指示功能是商标法保护的核心功能，品质保障等功能只是附着于核心功能之上附带保护的功能，商标法不提供单独保护。如果认为销售刮码行为并不影响消费者对商品来源的认知，但的确影响到对产品质量的控制，也降低了产品的品牌形象，对此能否依据《商标法》第 57 条第 7 款认定构成商标侵权？

4. 适用《反不正当竞争法》一般条款时是否还需要进一步进行类型化的问题？首先，如果在某些类别产品上使用生产条码是法律法规所明定的义务，那么对此类产品刮码后进行销售，是否应该一律认定其构成不正当竞争行为？其次，销售刮码产品的本质是为了逃避生产商对产品来源进行追溯，从而可能摆脱生产商既有的内控体系或者说某种商业模式。在讨论销售刮码产品的问题时，是否应先对这种商业模式的合法性进行分析，从而相应地进行法律责任的判断？

006

数据爬取的不正当竞争认定 / 张浩然

杭州阿里巴巴广告有限公司等与南京码注网络科技有限公司不正当竞争纠纷案 / 浙江省杭州市滨江区人民法院民事判决书，(2019) 浙 0108 民初 5049 号

事实概要

杭州阿里巴巴广告有限公司(原告,以下简称 X)是“1688 网站”的运营商,其通过收集、加工、分析企业信息,进而在网站上公开企业基本工商注册信息、企业黄页、企业信用档案、交易信用记录、保障服务、卖家服务能力等信息,公众可通过浏览网站获取相关信息而选择交易对象。南京码注网络科技有限公司(被告,以下简称 Y)是“企业名搜索”网站的经营者,其使用网络爬虫技术,抓取“1688 网站”公开显示的用户“联系地址”“联系电话”“联系人”“诚信通使用年限”等信息建立自身数据库,并在其网站上向用户提供数据查询服务。因此,X 主张,Y 违反《反不正当竞争法》第 2 条构成不正当竞争而提起诉讼。

判决要旨

法院认为,X 通过近 20 年的经营积累了大量数据,具有极大的经济价值,已成为其竞争优势,Y 爬取 X 网站数据用于自身经营网站之上,替代了 X 网站部分功能,导致 X 网站资源流失而损害了其利益。但行为导致经营者利益损害并不当然违反《反不正当竞争法》,只有其同时违反诚实信用原则及商业

道德时,方构成不正当竞争。考虑“数据”具有公共性特征,信息的流动和共享有利于提高社会利益,在数据控制与分享之间应考虑私人利益与公共利益的平衡,正当性与否应结合对市场效率、社会利益、行业竞争秩序的影响等因素进行综合判断。

在本案中:(1)Y 试图通过对互联网数据进行加工、处理,构建对企业相对客观的第三方“活性值”评价,但由于缺乏市场的检验,尚无法得出其行为有利于市场效率及社会利益的结论;(2)涉案数据虽已经公开,但 X 通过网站声明禁止未经许可的数据爬取行为,其并非可以任意获取、使用的开放数据;(3)Y 应当本着善良、诚信的原则,在必要限度内使用涉案数据,但 Y 将 X 的数据直接用于其网站替代了 X 业务,超出必要限度,构成不正当竞争。

评 析

一、判决思路和意义

随着数据成为一类新的生产要素,在实践中,就数据归属、保护争议亦不断增加。在大数据集合无法作为传统知识产权客体获得保护,立法又未就数据的法律属性、保护范围专门予以明确的情况下,司法实践中主要适用《反不正当竞争法》一般条款对竞争者之间的数据归属、利用法律关系进行调整。受劳动财产权的直觉号召力影响,法院一般认定,企业对其投资收集数据具有合法权益,第三人未经允许的数据爬取行为系“不劳而获”“食人而肥”的行为而具有不正当性,因此有学者认为,现行司法实践试图激活《反不正当竞争法》一般条款中的“合法权益”而确立事实上的“数据财产权”。[1]

但在宽泛保护下,何种情况属于对数据的合理利用未臻明确。在本案中,法院并未从“搭便车”“不劳而获”的道德直觉出发,而是对私人利益和公

[1] 参见龙卫球:《再论企业数据保护的财产权化路径》,载《东方法学》2018 年第 3 期。

共利益进行衡量。虽然法院未直接阐明，但其判断行为是否正当的考量要素实质上类似于著作权法上的合理使用标准，即考量：(1)使用行为的目的和特点，包括数据使用的用途，是否有利于市场效率和社会利益；(2)被使用客体的性质，包括数据的公共属性；(3)被使用部分的数量和质量，包括数据的抓取和使用是否超过合理限度；(4)使用对作品潜在市场或价值的影响，包括数据使用是否对经营者营业实质替代损害其利益。本案法院判决采用的相关因素为未来判断对于他人数据的合理爬取和利用提供了参考。

二、数据爬取的规范及学理

关于大数据集合的法律属性、归属与保护，既有立法并无明确和专门规定。我国《民法典》第127条仅对数据保护作了宣示性的规定，对大数据的保护仍有待另外的立法规定。在此之前，司法实践中对于数据爬取行为的规制主要适用《反不正当竞争法》一般条款判定，具体需要考量对竞争者利益、消费者利益以及市场竞争秩序的影响。

在数据行业惯例和商业道德尚未形成的前提下，考察比较法对数据爬取行为的规制路径以及学理观点，对适用《反不正当竞争法》一般条款识别和平衡相关利益具有参考价值。目前，在欧盟，大数据集合可通过《数据库保护指令》下的数据库特别权利制度加以保护，对大多数由独立材料构成并可通过技术手段对该独立材料进行检索的大数据集合可作为指令意义下的"数据库"，如果制造者在获取、订正、展示其数据内容方面进行了实质性投资，即可获得特别权利保护，排除他人对数据库整体及其实质部分的提取和再利用。在创新网诉韦格纳案(Innoweb v. Wegener)[1]中，互联网上公开

〔1〕 Matthias Leistner, "Big Data and the EU Database Directive 96/9/EC: Current Law and Potential for Reform", in Sebastian Lohsse, Reiner Schulze and Dirk Staudenmayer (eds.) Trading Data in the Digital Economy: Legal Concepts and Tools (Nomos 2017) 27 - 58.

收集信息形成的数据库就可获得特殊权利的保护(Case C - 202/12.)。但以数据库特别权利制度保护大数据集合的局限性在于,其限制例外情形狭窄,会排除相关利益主体的合理使用,并限制数据流动和再利用,故有学者主张借鉴强制许可、扩大限制例外、缩短保护期限。在美国法中,当传统知识产权制度或盗用侵权理论难以对大数据提供保护时,主要适用 1986 年《计算机欺诈与滥用法》,排除他人未经授权或超出授权访问计算机系统并获取信息的行为。为了保护网络空间信息自由流动,美国第九巡回法院明确了未经授权应限定于突破代码访问措施的情形。[1] 日本 2018 年《不正当竞争防止法》确立了对大数据集合的专门保护,基于企业对数据的事实控制、类比于商业秘密制度建立了对以技术措施限制向公众提供的"限定提供数据"保护制度,即对具有限定提供性、相当累积性、电磁管理性的技术或商业信息,禁止他人获取、使用、公开的不正当竞争行为。[2]

我国理论界部分学者从劳动财产理论出发,主张为企业收集数据设立数据财产权。[3] 有学者从知识产权制度弥补市场失灵的目标出发,认为对于非公开数据可通过商业秘密制度加以保护,对于公开状态而没有独创性的大数据集合,可按照欧盟数据库指令的方式设置特别权利或者邻接权。[4] 有学者认为,竞争者对于数据的爬取具有正当利益,数据爬取正当与否则应根据比例原则衡量数据收集者与竞争者之间利益,具体考量数据来源是否唯一、数据是否公开可得、爬取是否过度、爬取数据是否用于相竞争目的等因素。[5]

因此,就数据爬取的规制而言,需要在保护数据收集者投资以及因数据

---

〔1〕 hiQ Labs, Inc. v. LinkedIn Corp, 938 F.3d 985 (9th Cir. 2019).

〔2〕 参见刘影、眭纪刚:《日本大数据立法增设"限定提供数据"条款及其对我国的启示》,载《知识产权》2019 年第 4 期。

〔3〕 参见程啸:《论大数据时代的个人数据权利》,载《中国社会科学》2018 年第 3 期。

〔4〕 参见崔国斌:《大数据有限排他权的基础理论》,载《法学研究》2019 年第 5 期。

〔5〕 参见许可:《数据爬取的正当性及其边界》,载《中国法学》2021 年第 2 期。

公共属性而促进数据共享和自由流动的目标之间进行平衡和考量。比较法的实践和理论探讨基于对二者的侧重不同而存在不同路径；侧重前者故有学者主张权利路径；侧重于后者，故日本、美国以企业技术措施对数据控制之事实界定保护边界。两种路径在事实上影响着目前反不正当竞争法一般条款的适用。基于前者，有的法院宽泛地适用"搭便车"理论保障企业对其数据事实上的"财产权"，本案则更接近于后者，为数据收集者与竞争者利益平衡提供了一个一般性的框架。

三、以往司法实践

对于数据爬取行为，目前法院一般从双方是否存在竞争关系、行为违反诚信原则或公认的商业道德、损害竞争者的合法权益三个要件进行认定。对于竞争关系，在实践中，法院倾向于作出宽泛认定，在数据纠纷中只要存在损害他人大数据之上财产利益的结果，法院一般认定竞争关系成立。对于合法利益损害，法院一般确认数据收集者在数据收集过程中付出了实质性投资，大数据集合能为其带来经济利益和竞争优势，故他人未经许可的数据爬取行为会对数据收集者造成损失。关于该行为是否正当是实践中判断不正当竞争责任的核心。

对于最为疑难的行为是否违反诚信原则或公认的商业道德问题，判断标准为抽象道德标准和具体利益衡量标准。

第一，抽象道德标准。例如，广东省深圳市中级人民法院认为，"酷米客"App 后台服务器存储的公交实时类信息数据具有实用性并能够为权利人带来现实或潜在、当下或将来的经济利益，其已经具备无形财产的属性；被告未经许可使用实为一种"不劳而获""食人而肥"的行为，且具有非法占用他人无形财产权益，破坏他人市场竞争优势，并为自己谋取竞争优势的主观故意,违反诚实信用原则,扰乱竞争秩序,应认定构成不正当竞争行为。[1]另外,北京知识产权法院在(2016)京73民终588号民事判决书中进一步将是否侵犯个人数据纳入考量,即"用户授权+平台授权+用户授权"的"三重授权"原则;因用户信息是原告研发产品、提升企业竞争力的基础和核心,未经原告及其用户同意不得使用,取得用户对个人信息采集和利用的同意,是互联网企业在利用用户信息时应当遵守的一般商业道德。

第二,具体利益衡量标准,即依据比例原则,平衡信息获取者、使用者和社会公众利益。例如,上海知识产权法院在(2016)沪73民终242号民事判决书中认为,在判断擅自收集他人信息行为是否违反公认商业道德时,要考虑互联网信息共享、互联互通的特点,兼顾信息获取者、信息使用者和社会公众三方的利益,既要考虑信息获取者的财产投入,还要考虑信息使用者自由竞争的权利,以及公众自由获取信息的利益。百度公司用垂直搜索获取大众点评数据本身不具有违法性,但应当遵循"最少、必要"的原则,采取损害最小的措施;抓取并大量全文展示来自大众点评网的信息,实质替代了该网站的相关服务,已明显超出了提供网络搜索服务的范围,不仅损害了原告的利益,还破坏正常的产业生态,因此构成不正当竞争。

四、判决的价值参考

本案判决并未从抽象的道德直觉出发,避免了一般条款适用的泛道德化;其从数据收集者利益以及公共利益平衡出发,明确了合理使用他人数据的考量因素,为未来相关案件裁判提供了参考。但这无法从根本上解决目前适用《反不正当竞争法》一般条款调整数据纠纷所面临的裁判标准不统一、不可预见、竞争利益保护权利化等问题,未来仍然有待从立法层面明确大数据保护的政策取向、制度路径和边界限制。目前,我国《数据安全法》第

[1] 参见广东省深圳市中级人民法院民事判决书,(2017)粤03民初822号。

32 条规定，“任何组织、个人收集数据，应当采取合法、正当的方式，不得窃取或者以其他非法方式获取数据”；但对于违反该规定的将承担何种责任并无明确规定。因此，在今后相关立法中，有必要进一步明确数据获取的民事保护机制和民事责任。

007

关联用户账号迁移数据的不正当竞争认定 / 张浩然

前锦网络信息技术(上海)有限公司与上海逸橙信息科技有限公司不正当竞争纠纷案 / **上海知识产权法院民事判决书,(2019)沪73民终263号**

事实概要

前锦网络信息技术(上海)有限公司(一审原告、二审上诉人,以下简称X)创办"前程无忧"网站,收集、存储并按照不同保密权限发布人才供求信息。上海逸橙信息科技有限公司(一审原告、二审被上诉人,以下简称Y)创办"e成"网,提供类似的人才供求信息发布和管理服务,同时在其网站上设置"关联外网账号"功能,企业用户可选择"关联外网"操作,即在Y网站登录X等求职信息网站的用户名、密码并选择关联账号可自动登录该网站,爬取该用户在X网站接收到的求职者简历并自动传输到Y网站"人才库"中,从而允许用户"一站式"处理多个渠道的投递简历。同时,X网站在用户登录时需要输入图片字符的验证码防止机器登录,并通过robots协议明确禁止任何第三方抓取包括X求职者信息在内的网站相关信息。因此,X主张,Y通过引导用户使用"关联外网账号"功能,避开X技术保护措施,获取X网站的完整简历信息并加以使用,违反《反不正当竞争法》第2条、第12条第1款及第2款第4项而构成不正当竞争。一审法院认定,该行为不构成不正当竞争,判决驳回诉讼请求。X提起上诉。

判决要旨

上海知识产权法院驳回上诉,维持原判。

二审法院认为,适用《反不正当竞争法》一般条款或互联网不正当竞争的兜底条款判断竞争行为是否正当,不能将个人品德或社会公德等同于商业道德,而是要将该行为放置在反不正当竞争法促进市场经济健康发展,鼓励和保护公平竞争,保护竞争者和消费者合法权益的立法目的下,综合考虑行为对经营者、消费者和市场秩序的影响并进行判断,防止脱离竞争法的目标进行泛道德化评判。

认定该行为不构成不正当竞争有以下考量因素:第一,关联账户服务虽然在一定程度上减少了用户登录 X 网站的次数而带来一定的流量损失,但并没有影响用户在 X 网站发布招聘信息、查看及获取简历等经营活动的正常开展,并未对 X 利益造成实质性影响。第二,关联账号功能可以使经营者"一站式"地处理所有网站收集的招聘简历,而不用分别登录不同网站进行处理,显然该技术可以提高工作效率,给市场主体带来便利。第三,Y 并未强制、欺骗用户使用关联账号功能。第四,关联账号功能是互联网环境下较为常见的产品功能,未违反商业惯例,Y 采取技术措施让用户读取防止机器登录的验证码并不属于破解 X 的技术措施。第五,随着互联网市场发展,各种产品或者服务关联性和依附性不断加深,依赖甚至介入其他经营者的产品或服务而开展经营活动本身并不必然损害正常的市场秩序,以此否定该行为正当性无疑会挫伤创新活力。

评 析

一、判决思路和意义

数据收集和处理技术的进步为人类需求满足提供了新的方式,使数据成为一类新的生产要素,但随之而来的是关于数据产权归属和保护范围的争议。出于保护企业数据收集投资的目的，在司法实践中，法院通常适用《反不当竞争法》一般条款禁止不劳而获的"搭便车"行为，在数据获取、利用、交易关系中，对数据收集者的数据财产利益提供宽泛保护。本判决对相关问题进行了裁判，其并未以既往"搭便车"逻辑认定"不劳而获"地获取他人数据构成不正当竞争，也未按照互联网案件中"非公益不干扰原则"认定对他人经营活动的介入为不正当，承认"依赖甚至介入于其他经营者的产品或服务而开展经营活动本身并不会损害正常的市场秩序"是互联网创新的重要形式，被告行为未影响原告经营活动的开展，未对其利益产生实质性影响，并为用户提供了效率，最终认定关联用户账号、迁移用户数据的行为不构成不正当竞争，为此后类似案件司法裁判提供了参考。

二、迁移用户数据规制的规范及学理

关于关联用户账号、迁移用户数据是否构成不正当竞争，现行立法并未作出直接规定。在《反不正当竞争法》修订前，法院多依据第 2 条一般条款调整数据相关纠纷，2017 年修改后的第 12 条第 2 款第 4 项规定了"其他妨碍、破坏其他经营者合法提供的网络产品或者服务正常运行的行为"作为兜底条款，因此，当事人同时会依据该项主张构成不正当竞争。二审法院在本案中明确，虽然第 12 条主要调整互联网相关竞争行为，但其兜底条款与一般条款的适用考量因素并无实质不同，在保护竞争者和消费者合法权益的立法目的下，需要综合考虑行为对经营者、消费者和市场秩序的影响并进行判断。就竞争者为用户提供关联账号、数据迁移服务是否构成不正当竞争而言，考量因素关键在于，在立法未对数据产权归属作出明确分配的情况下，如何在数据收集者的财产利益与用户对其数据处分利益之间的权衡问题。如前所述，关于数据收集者财产利益保障，以有司法实践主要通过一般条款防止他人不劳而获的"搭便车"行为而为其提供宽泛保护；但关于用户数据处分利益，在目前司法实践中尚未得到充分肯定和保护。

在比较法中，欧盟《通用数据保护条例》(General Data Protection Regulation，GDPR)第20条规定了数据主体的“数据迁移权”，赋予数据主体将其数据由数据控制者传输给另一个数据控制者的权利，旨在允许数据主体或消费者可直接通过可携带、用户友好、机器可读的方式获取数据，以缓解大公司与数据主体或消费者之间的经济不平衡性，使个人(与平台)共享大数据产生的财富，并激励开发者向用户提供更优质的功能和程序。GDPR之“数据可携带权”的客体仅限于个人数据而不包括非个人数据；受比例原则限制，用户仅在“技术可行的条件下”，有向平台主张将其数据从一个数据控制者向另一个数据控制者迁移的权利。

我国理论界对此有以下不同观点：(1)主张授予企业对其收集数据以数据财产权，对个人用户则授予个人信息财产权。[1] (2)反对为用户授予数据财产权，[2]主张赋予用户类似GDPR中的数据迁移权。[3] (3)否定用户数据处分权，认为我国不应将用户数据迁移权上升为一项普遍权利，而将其作为一种保护利益，区分不同情形确定是否保障用户数据迁移。[4]

随着数据成为一类新的生产要素，个人或企业用户对其数据都具有正当利益，法律对该利益的漠视将会导致用户为数字平台锁定而限制选择自由，进而限制自由竞争，对用户数据处分利益如何定性将决定用户与平台以及平台之间的交易秩序。如果将用户对数据的权利界定为一种财产权或赋予其数据迁移权，第三方提供账户关联和数据迁移服务即依授权而为之，当然不构成不正当竞争；如果仅将其作为一项利益，第三方服务提供账户关联和数据迁移服务是否正当，则仍有必要在一般条款分析框架下，结合数据收

---

[1] 参见龙卫球：《数据新型财产权构建及其体系研究》，载《政法论坛》2017年第4期。

[2] 参见程啸：《论大数据时代的个人数据权利》，载《中国社会科学》2018年第3期。

[3] 参见谢琳、曾俊森：《数据可携带权之审视》，载《电子知识产权》2019年第1期。

[4] 参见丁晓东：《论数据可携带权的属性、影响与中国应用》，载《法商研究》2020年第1期。

集者的数据财产利益、用户数据处分利益、对市场竞争秩序的影响等进行衡量。2021 年 8 月 20 日,我国《个人信息保护法》通过,其中规定了对个人信息的防御性保护,包括用户对其个人信息及数据请求迁移的权利(第 45 条第 3 款)。可见,当第三方提供账户关联和数据迁移服务时,数据处理者可以不必承担任何迁移成本,为用户提供更为便利和有效率的处理方式,并有利于解除用户锁定和促进市场竞争。在用户数据处分利益与企业数据财产利益衡量中,前者应当具有优先性,除非该数据迁移会实质性地损害数据收集者营业,或者违反知识产权、个人信息保护等法律规定,原则上,关联账户和数据迁移不应当认定为不正当竞争。二审法院在本案中的审理思路值得赞同。

三、以往司法实践

在目前关于大数据保护法律纠纷中,绝大多数限于第三方未经用户和数据收集者授权或超出授权获取、利用他人数据的情形,关于第三方经用户授权而进行数据迁移和利用的纠纷和判决较少。其中,较为典型的是 2019 年字节跳动公司旗下抖音、多闪与腾讯公司旗下微信数据争议。在该案中,腾讯公司与字节跳动通过开放平台合作,向抖音产品提供微信/QQ 账户授权登录服务,多闪公司在征得用户同意但未经腾讯授权的情况下,通过抖音在微信数据库调取用户个人数据登录,腾讯主张抖音、多闪构成不正当竞争,抖音、多闪则认为其已经过用户同意,用户对其个人数据具有正当处分权限,无须腾讯公司授权同意。天津市滨海新区人民法院在(2019)津 0116 民初 2091 号民事行为保全裁定书中认为,北京知识产权法院在(2016)京 73 民终 588 号民事判决书中提出了开放平台数据利用时"用户授权 + 平台授权 + 用户授权"的"三重授权"原则,即数据提供方向第三方开放数据时应取得用户同意,同时,第三方平台在使用用户信息时还应当明确告知用户其使用的目的、方式和范围，并再次取得用户的同意，否则第三方平台将构成不正当竞争。该原则已成为开放平台领域网络经营者应当遵守的商业道德，抖音、多闪明知根据开放平台协议，多闪公司无权获取用户个人数据，仍有意规避微信/QQ 开放平台对第三方应用的接入限制而获取用户数据，构成不正当竞争。目前，本案尚未审结。

四、判决的价值参考

本案是国内较早处理用户数据迁移问题的案件，在既有实践广泛基于"搭便车"理论适用一般条款对企业数据财产利益以宽泛保护，以及以"非公益不干扰"原则宽泛适用《反不正当竞争法》第 12 条兜底条款对网络产品或服务进行保护的前提下，本判决提出了在保护竞争者和消费者合法权益的立法目的下，依据经营者、消费者和市场秩序影响进行判断的灵活框架，认可了账号关联、数据迁移对消费者利益、市场竞争秩序的积极意义，在相关行为未对经营者经营活动产生实质性影响的情况下认定其不构成不正当竞争，明确了对该问题的一般司法立场，值得其他法院借鉴。

但仍有一系列问题留待解答：(1)用户数据处分利益的立法定位，对其是否应以数据财产权、数据可携带权或作为法益加以保护？从目前《个人信息保护法》来看，似乎倾向后一立场。(2)用户数据迁移与企业技术措施之间的关系，为限制用户数据转移和第三方数据爬取，平台一般会首先施加技术措施限制，但第三方在获得用户授权后能否绕开相关技术措施而获取用户数据？(3)用户数据迁移与知识产权、个人信息保护之间的关系，平台能否以第三人个人信息保护为由拒绝数据迁移，以及第三方数据迁移服务是否构成不正当竞争？本案涉及该问题，即求职者简历包含其个人信息，在未经求职者本人同意的情况下，被告直接从原告数据库获取相关数据，是否构成不正当竞争？法院未就此问题进行明晰。另外，用户数据可能还涉及知识产权保护，如平台对用户数据一般采取保密措施而作为商业秘密保护，第三方在批量进行用户数据迁移时，是否会侵犯他人商业秘密而构成不正当竞争，以及二者关系如何协调？

008

用户个人信息的反不正当竞争法保护 / 张浩然

深圳市腾讯计算机系统有限公司等与杭州聚客通科技有限公司不正当竞争纠纷案 / 杭州铁路运输法院民事判决书，(2019)浙 8601 民初 1987 号

事实概要

深圳市腾讯计算机系统有限公司、腾讯科技(深圳)有限公司(原告，以下简称 X)是微信软件运营商，为用户提供发送语音短信、视频、图片、表情和文字等即时通信服务，并对相关用户数据进行存储和处理。浙江搜道网络技术有限公司、杭州聚客通科技有限公司(被告，以下简称 Y)开发、运营“聚客通”软件，允许用户在“聚客通”软件正常操作微信以及自动化、批量化操作微信，监控并存储用户微信通信数据。因此，X 主张被告监测、抓取微信用户账号信息、好友关系链信息以及用户操作信息(含朋友圈点赞评论、支付等)存储于自己的服务器，攫取 X 数据资源，损害了 X 对微信数据享有的合法权益，应受《反不正当竞争法》第 2 条规定的规制。Y 抗辩主张，涉案软件用户与其买家好友的社交数据权益归用户所有，微信不享有任何数据权益，用户享有个人数据携带权，其将个人数据选择以何种方式备份、存储与原数据控制者无关。

判决要旨

杭州铁路运输法院审理认定，涉案行为违反《反不正当竞争法》第2条而构成不正当竞争。其理由在于：第一，原告对微信产品数据资源享有合法权益，具体而言，原告主张享有权益的对象可以分为两种数据形态：对于网络平台的数据资源整体，平台对其进行大量投资和实质加工而享有竞争性权益；对于用户单一数据个体，其仅仅是用户信息转换为电子符号的外在形式，数据收集者对其并未提供创造性劳动成果，只能依附于用户个人信息权益，依其与用户的约定享有原始数据的有限使用权。本案主要涉及单一数据个体的利益。第二，两被告通过“聚客通”软件获取用户数据，违反法律规定和商业道德而具有不正当性。法院认为，单一用户数据权益的归属并非谁控制谁享有，使用他人控制的用户数据只要不违反“合法、正当、必要、不过度、征得用户同意”的原则，一般不应被认定为侵权行为，但涉案行为由于侵犯用户个人信息权益而构成不正当竞争。具体而言，《网络安全法》规定了网络运营者的个人信息保护义务，同时社交活动具有私密性的特点，对于个人信息的保护，构成了微信产品经营生态的底线要求。“聚客通”软件未经用户同意收集用户数据而存储于其服务器内，违反了《网络安全法》的强制性规定，并危及微信产品用户信息安全而恶化其经营生态，实质性损害了两原告对微信产品数据资源享有的竞争权益，而构成不正当竞争。虽然被告抗辩其数据获取经过了相关经营性用户授权或其具有数据携带权，但其涉及经营性用户与其微信好友通过相互交集而共同提供的用户数据，就该部分仍未获得其他用户同意而具有不正当性。

评　析

一、判决思路和意义

在既有立法并未明确数据属性、归属、保护边界的前提下，本案对相关问题进行了回答：第一，明确了数据收集者在数据之上的合法权益，其区分了数据资源整体和单一数据个体，数据收集者对于网络平台的数据资源整体享有竞争性利益，可以排除他人的不正当获取行为，但对于单一数据个体，其只能依据与用户的约定享有原始数据的有限使用权，这为用户数据迁移以及授权第三方数据迁移提供了正当性基础，即“单一用户数据权益的归属并非谁控制谁享有，使用他人控制的用户数据只要不违反‘合法、正当、必要、不过度、征得用户同意’的原则，一般不应被认定为侵权行为”。第二，明确了《反不正当竞争法》对个人信息保护的逻辑基础，即个人信息保护是企业向用户提供服务、行使其对用户“原始数据的有限使用权”的基础，未经用户同意而获取其数据会导致破坏经营者服务生态、损害其数据的合法权益而构成不正当竞争。

二、用户个人信息反不正当竞争法保护的规范及学理

关于用户对其数据处分权益以及数据迁移的相关规范及理论，前述前锦网络信息技术（上海）有限公司与上海逸橙信息科技有限公司不正当竞争纠纷案已进行了充分阐述。但如前所述，数据迁移时会同时涉及第三方个人信息，如果未经第三人同意而迁移，将在反不正当竞争法上如何定位？

首先，未经用户允许获取个人信息无疑具有违法性。基于隐私保护及个人信息自决的考量，涉及私密、私人领域法益的个人信息原则上免受不法侵犯。由《全国人民代表大会常务委员会关于加强网络信息保护的决定》《民法典》《电子商务法》《网络安全法》构成的制度体系建立了我国个人信息收集的“知情同意”原则，并赋予了数据主体查询、更正、删除其个人信息的权利，专门的《个人信息保护法》已经通过并即将实施。未经用户同意，传输和使用个人信息，将构成对个人信息权益的侵犯，用户个人可以向数据处理者主张侵权责任。

但存在疑问的是,《反不正当竞争法》能否直接规范侵犯用户个人信息权益的行为,即是否应允许经营者向个人信息及数据的违法获取和使用者主张侵权责任?北京知识产权法院在(2016)京73民终588号民事判决书中最早对该问题进行了回应,认为根据《反不正当竞争法》第1条规定,该法立法目的是"促进社会主义市场经济健康发展,鼓励和保护公平竞争,制止不正当竞争行为,保护经营者和消费者的合法权益",判断竞争行为是否正当要综合考虑经营者和消费者,不当地侵犯消费者利益的行为将可能被认定为不正当行为。依据《消费者权益保护法》《全国人民代表大会常务委员会关于加强网络信息保护的决定》的规定,网络服务提供者收集、利用用户信息应当遵循合法、正当、必要的原则并经被收集者同意。因此,该案确立了第三方获取数据时的"用户授权+平台授权+用户授权"的"三重授权"原则,即数据提供方向第三方开放数据时应取得用户同意,第三方平台在使用用户信息时还应当明确告知用户其使用的目的、方式和范围,并再次取得用户的同意,否则第三方平台将构成不正当竞争,由此将个人信息保护纳入《反不正当竞争法》的评价范畴,该原则也被此后司法判决广泛援引。

但直接将消费者利益是否受到侵害作为评判是否构成不正当竞争的依据有待商榷。因为虽然《反不正当竞争法》第1条将消费者权益保护列为立法目标之一,但《反不正当竞争法》中并未直接赋予消费者任何的请求权,而是将对消费者的直接救济规定在《消费者权益保护法》中。我国在制定《反不正当竞争法》的同时,也制定了《消费者权益保护法》,在立法上采取了二元论的立场,消费者利益虽然也是《反不正当竞争法》所保护的利益,但二者并没有直接关系,后者仅仅是维护竞争秩序的"反射利益"或"附带效果"。[1] 参与《反不正当竞争法》立法全过程的谢怀栻先生也认为,《反不正当竞争法》的重点在于维持市场秩序,并以此间接保护消费者利益,而《消费

---

〔1〕 参见李明德:《关于反不正当竞争法的几点思考》,载《知识产权》2015年第10期。

者权益保护法》的直接目的是维护消费者利益。[1] 目前，理论中也存在直接保护消费者利益的建议，[2] 但基于当前立法架构，仍应当认为《反不正当竞争法》所调整的是直接侵害经营者利益的行为，故无法直接将企业违反用户个人信息保护法律规定获取数据的行为等同于不正当竞争行为。

本判决为反不正当竞争法下对个人信息的保护提供了新的思路，相关行为构成不正当竞争不仅是因为其违反个人信息保护法律规定而损害消费者利益，同时，个人信息或数据安全保护因构成了互联网产品或服务质量的重要组成部分，而作为平台的核心竞争力。损害消费者个人信息权益获取数据，将同时构成对他人产品或服务的破坏而损害他人利益，构成不正当竞争。依此视角，相关行为是否构成不正当竞争与是否违反个人信息保护法律规定不存在必然联系，如果平台超出既有立法保护标准为用户提供更严格的个人信息保护，第三方即使未违反法律规定但破坏其个人信息保护措施同样可能构成不正当竞争；同样，即使违反个人信息保护法律规定，但第三方获得数据收集者同意而获取相关数据，将仅承担个人信息保护法上的责任，而不构成不正当竞争。

三、判决的价值参考

本判决具有两方面参考意义：第一，明确了数据收集者对单一数据个体的合法权益边界，为用户自身及授权第三方数据迁移提供了正当性基础；第二，明确了《反不正当竞争法》对个人信息保护的逻辑基础。但如何处理个人信息保护与数据获取和自由流动的张力将成为新的课题：在平台数据财产利益保护中，一般认为，不应对其提供绝对保护，同时应保障相关利益主

〔1〕 参见张子学：《实施〈反不正当竞争法〉的几个问题——访著名法学家谢怀栻》，载《中国工商报》1993年12月7日。

〔2〕 参见陈耿华：《论竞争法保障消费者利益的模式重构》，载《法律科学》2020年第6期；周樨平：《论我国〈反不正当竞争法〉的消费者保护功能》，载《竞争政策研究》2017年第2期。

体数据获取的正当利益，以促进数据共享和自由流动。但由于大部分数据同时包含大量个人信息，第三方事先逐个获得同意授权显然不具有可能性，个人信息保护因此也成为平台事实上独占数据资源、限制数据流动的最有力武器。如何确立相关个人信息保护的限制和例外而促进数据流动，有待未来立法和司法实践予以充分考量。

009

引诱违约行为的不正当竞争认定 / 张浩然

杭州开迅科技有限公司与广州虎牙信息科技有限公司等不正当竞争纠纷案 / 浙江省杭州市中级人民法院民事判决书，(2019) 浙 01 民初 1152 号

事实概要

杭州开迅科技有限公司(原告，以下简称 X)与广州虎牙信息科技有限公司(被告，以下简称 Y)均为游戏直播平台，李某原为 X 运营的“触手平台”上有一定知名度的游戏主播。Y 在明知李某为“触手平台”主播且合作期限尚未届满、有竞业限制义务的情况下与之签约、支付预付款并承诺为其支付违约金。此后，李某跳槽至“虎牙平台”，以其原昵称、头像进行直播，导致“触手平台”用户及流量流失。因此，X 主张，主播及用户流量是 X 市场竞争优势的重要来源和核心竞争力所在，Y 引诱李某违约更换直播平台带走原直播平台用户，违反我国《反不正当竞争法》第 2 条规定，构成不正当竞争。

判决要旨

浙江省杭州市中级人民法院(以下简称杭州中院)驳回起诉。

杭州中院判决认为，X 与 Y 具有竞争关系，Y 行为系竞争行为而受反不正当竞争法规制。不正当竞争行为的判断标准在于其是否违反了诚实信用原则和公认的商业道德，以及不正当地攫取了他人可以合理预期获得的商业机会。从社会一般价值观衡量，Y 涉案

行为虽具有过错，但社会道德不等同于商业道德，网络直播行业属于新兴市场领域，对于各种商业规则仍在探索中，商业道德在相关市场共同体中尚未达成共识，应当结合市场经营者的行为方式、行为目的、行为后果等案件具体情形进行分析判定。本案李某出于自身发展考虑更换直播平台，法律上其有人才流动的自由，Y 单纯接收跳槽主播的行为，从行为方式上不存在恶意诱导行为，目的上并非针对性地攫取竞争平台的用户流量和竞争利益，不构成不正当竞争。

评　析

一、判决思路和意义

针对引诱违约行为，民法、反不正当竞争法并未作出明确规定，实践中也存在不同观点。本判决认定，合同相关行为应首先依合同约定和相关合同法律规定，但竞争者行为除违反合同义务之外，还损害了公共政策所保护的其他利益，应同时受反不正当竞争法的规制，引诱违约行为是否构成侵权，应根据其行为是否正当进行判断。法院提出，其不正当性应当充分考虑相关行业竞争情况和特点，围绕当事人的行为方式、行为目的和行为后果综合分析和认定。在行为方式方面，主要考察是否存在恶意诱导行为；在行为目的方面，主要考察是否有针对性地攫取对手竞争成果；在行为后果方面，主要考察对市场竞争秩序的影响。本判决提出的规制路径和评价行为正当性的考量要素，为此后相关案件裁判提供了参考。

二、引诱违约行为调整的规范和学理

关于第三人引诱违约行为，即第三人通过劝说、利诱和贿赂等方式干涉合同，诱使债务人不能全面地、适当地履行其相对于债权人的债务的情

形，[1]我国原合同法、原侵权责任法以及反不正当竞争法均未直接作出规制。依据传统合同法理论，合同具有相对性，原则上合同项下的权利义务只能对合同当事人产生效力，故针对违约行为当事人可主张违约责任，但对第三人则无法主张救济，故立法以及理论上均探索突破债的相对性而对引诱违约行为加以调整。对此，理论上目前主要存在两种观点：

1. 第三人侵害债权理论。此学说最早衍生自英国侵权法上的妨害合同关系(interference with contract relationship)，在1853年拉姆利诉盖伊案(Lumely v. Gye)中，英国法院认定，挖聘员工构成侵权并确立了妨害合同侵权一般规则，原则上，满足存在有效合同、存在妨碍行为、主观状态为故意、损害结果与合同违反之间存在因果关系等要件，即认定第三人构成妨害合同侵权。[2] 该理论也影响了大陆法系民法实践，在1908年劳德尼茨诉杜取案(Raudnitz v. Deouillet)中，法国最高法院正式确立了第三人侵害债权制度，即债权构成《法国民法典》第1382条(侵权责任一般条款)保护的法益，任何指导合同存在的第三人都应当尊重合同约定，违反该约定的即构成对他人合同权利的侵害而应当承担损害赔偿责任。[3] 该理论也被我国学者引入。[4] 虽然原《侵权责任法》第2条以及《民法典》第1165条均未明确将债权作为侵权法保护的客体，但有学者认为，"民事权益"当然包括债权，债权具有不可侵性，第三人因故意以及重大过失侵害债权的应当承担侵权责任。[5] 依此观点，如果第三人明知他人合同存在，而教唆诱使债务人不完全、适当地履行债务的，应承担损害赔偿责任。

2. 不正当竞争行为规制理论。有的法域，则仍然认为合同效力具有相

[1] 参见王利明：《违约责任论》，中国政法大学出版社2003年版，第731页。

[2] 参见胡雪梅：《英国侵权法》，中国政法大学出版社2008年版，第317页。

[3] 参见王亚宁：《对第三人侵害债权的见解》，载《法学论坛》2006年第4期。

[4] 参见王利明：《论合同的相对性》，载《中国法学》1996年第4期。

[5] 参见杨立新、李怡雯：《债权侵权责任认定中的知悉规则与过错要件》，载《法律适用》2018年第19期。

对性，仅在有限情形下对第三人引诱违约进行规制。例如，根据《德国民法典》侵权行为可划分为三类：(1)对生命、身体、健康、所有权绝对权利的保护(第823条第1款)；(2)违反以保护他人为目的的法律(第823条第2款)；(3)违反善良风俗的故意侵害(第826条)。第三人侵害债权在后两种类型下适用侵权法一般条款加以调整，德国《反不正当竞争法》衍生自侵权法一般条款，对竞争活动中引诱顾客、引诱竞争者雇员的情形，司法实践适用德国《反不正当竞争法》，调整而形成了“案例群”，在该法第4条第4项“阻碍竞争者”的不正当竞争行为类型下加以规制。在该规则下，如果一项商业行为的主要目的在于促进自身竞争优势，则不构成不正当，但如果主观上以损害他人竞争活动开展为指向，或者客观上导致他人经营成果无法在市场上展示，则构成不正当；引诱他人雇员、引诱顾客是否合法，应结合其是否有阻碍竞争者的不正当目的和不正当手段综合考量。[1] 除此之外，有的国家在反不正当竞争法中直接规定引诱违约行为可能构成不正当竞争，如波兰《防止不正当竞争法》第12条规定，在合同有效的前提下，经营者以实现商业利益或损害其他竞争者为目的，对第三方进行引诱(包括鼓励第三方终止、不履行合同)的，构成不正当竞争。[2] 我国也有学者主张将引诱违约行为纳入反不正当竞争法下以一般条款加以规制，其是否侵权不在于是否影响合同履行，而在于引诱违约本身不正当性的认定，具体结合主观目的(是否明知存在合同关系、刻意阻碍和排除竞争者、窃取他人成果等)和行为方式(行为违法、不公平高价引诱、为他人承担高额违约金、违反忠诚义务等)进行认定。[3] 此外，有学者还认为，引诱违约的不正当性还应体现在损害后果上，

[1] 参见范长军：《德国反不正当竞争法研究》，法律出版社2010年版，第158～168页。

[2] 参见[德]弗诺克·亨宁·博德维希：《全球反不正当竞争法指引》，黄武双等译，法律出版社2015年版，第547页。

[3] 参见李京霈：《引诱违约行为构成不正当竞争的判定》，载《广西政法管理干部学院学报》2019年第3期。

既包括对竞争者的损害也包括对消费者合法权益和市场竞争秩序的损害。[1]

本案中，法院采取了后一立场，即债权对第三人而言并非具有绝对不可侵性，仅在违反社会善良风俗的例外情形下，第三人才应承担侵权责任。对竞争活动中的引诱违约行为，应当在反不正当竞争法的框架之下，根据其行为目的、方式和后果综合判断其是否构成不正当。

三、以往司法实践

关于第三人引诱违约行为是否进行规制，以及以何种方式进行规制，目前司法实践中还存在较大分歧，可分为以下三种立场：

1. 坚持合同相对性，第三方引诱违约行为不构成侵权。例如，上海市高级人民法院在(2007)沪高民三(知)终字第105号判决书中认为，涉案合同债务人乐购公司作为独立的市场经营主体，可以在合同债权人玺诚公司以及第三方分众广告公司等同业竞争者之间选择最优交易对象，解除合同的决定权在乐购公司，与第三方引诱行为不存在必然联系，且债权人可通过合同主张权利弥补损失；故上诉人所述的两被上诉人行为属引诱违约、构成不正当竞争之观点，既无事实依据又无相关的法律依据，不予支持。

2. 引诱违约构成第三人侵害债权，适用侵权责任法调整。原侵权责任法一般条款规定的"民事权益"应得到保护，最高人民法院在实践中也对第三人侵害债权制度予以认可，认为第三人因故意或重大过失侵害债权的，应承担侵权责任。[2] 就引诱违约导致合同不能履行的情形，有的法院认定第三人承担侵权责任。如上海市第一中级人民法院在(2007)沪一中民五(商)

---

[1] 参见李扬、蓝小燕：《引诱违约行为的反不正当竞争法评价》，载《知识产权》2018年第7期。

[2] 参见最高人民法院民事判决书，(2017)最高法民终第181号。

初字第99号民事判决书中认定，耐克公司与著名球员郑某签订代言合同，阿迪达斯公司违背诚实信用原则，故意以高额利益引诱郑某毁约而与之签约，导致耐克公司丧失了剩余合同期内郑某代言耐克产品所应获得的商业利益，二者应承担侵权责任，连带赔偿耐克公司损失。

3. 不正当引诱违约行为构成不正当竞争，适用反不正当竞争法一般条款加以调整。湖北省武汉市中级人民法院在（2017）鄂01民终4950号民事判决书（斗鱼主播跳槽案）中认为，债权人合同权益并非可像法定财产权利那样受到绝对保护，而应当考虑竞争对手行为是否违反行业诚信原则和商业道德；网络直播行业等新兴市场领域其行业准则正处于形成之中，是否具有不正当性应结合对行业效率的影响、对竞争对手的损害程度、对竞争秩序及行业发展的影响、对消费者福利的影响等因素加以认定。该案中，法院认定，网络直播行业中，主播并非一般企业员工，实际是平台推向市场抢占市场占有率、获取流量的"优质产品"；主播的流失，将直接导致平台竞争力和市场占有率的下降，挖聘他人签约主播实质上是直接攫取他人竞争果实；该行为不会促进行业效率提升，且严重损害竞争对手、影响行业竞争秩序，故构成不正当竞争。

四、判决的价值参考

伴随网络直播等行业的兴起，具有一定知识、技能的人本身成为企业参与竞争的直接优势来源，引诱违约尤其是挖聘竞争对手员工的纠纷随之不断出现，如何在保护企业投资、人员流动及其后利用其知识技能的自由之间实现平衡，成为新的问题。我国民法、反不正当竞争法对此未作出明确规定，理论和实践中存在相异乃至冲突立场。如果完全坚持合同相对性，则不利于保障竞争者投资产权确定性和维护竞争秩序；如果以第三人侵害债权理论，将一切明知及应知在先债务情形认定为侵权，则不利于人员流动和自由竞争。本判决从反不正当竞争法一般条款出发，仅对违反善良风俗或不正当行为的例外情形作出规制，值得赞同。其以行为方式、目的、后果为分析框架也为此后类似案件裁判提供参考。但目前尚存在两方面待决课题：

第一，本判决对当前实践仅具参考意义，针对实践中司法裁判冲突立场，仍有待以立法或司法解释形式明确反不正当竞争法的规制路径。第二，就引诱违约构成不正当竞争的认定标准仍待达成共识。本案与“斗鱼主播跳槽案”案情类似，杭州中院与武汉市中级人民法院均采纳了反不正当竞争法的规制路径，考量要素类似，却产生了完全不同的判决结果，未来有待进一步明确考量标准。就本案而言，笔者倾向认为，Y明知李某与X存在竞业限制协议而进行引诱，嗣后由李某继续延用其在X“触手平台”的用户名、昵称直播进行引流，具有窃取他人经营成果的恶意；在行为方式上，其承诺为李某承担违约金并让其延用原昵称、头像直播的行为也具有不正当性，故应当构成不正当竞争，武汉市中级人民法院“斗鱼主播跳槽案”的认定更值得赞同。

010

用户违反与平台约定的不正当竞争认定 / 李阁霞

深圳市腾讯计算机系统有限公司与杭州科贝网络科技有限公司等不正当竞争纠纷案/浙江省杭州市中级人民法院民事判决书,(2019)浙01民终9556号

事实概要

深圳市腾讯计算机系统有限公司、腾讯科技(深圳)有限公司(一审原告、二审被上诉人,以下简称X)是即时通信软件微信的运营商,杭州科贝网络科技有限公司、杭州海逸网络科技有限公司(一审被告、二审上诉人,以下简称Y)在微信平台注册了金融贷款业务相关的大量公众号,并通过伪造贷款资质获得微信认证和高级权限,通过上述公众号群发借贷广告和虚假宣传,并在其"投诉"或"投诉建议"模块,仿照微信官方投诉界面设置。X主张Y大量注册公众号、伪造资质、虚假宣传、仿冒投诉页面行为构成不正当竞争,主张其作为微信平台的经营者,对基于微信平台建立的微信商业生态系统享有竞争优势,该行为违反了我国《反不正当竞争法》的规定,损害了其竞争利益。Y辩称,其与X系经营者用户与平台提供方的关系,被诉行为违反双方签订的《微信公众平台服务协议》,应当属于合同纠纷,不应将违约行为作为不正当竞争行为进行判断,X不具有提起反不正当竞争诉讼的主体资格。一审法院判决,Y构成不正当竞争。

Y提起上诉,主张X以不正当竞争案由提起本案诉讼不具备合理性和必要性,原审法院将侵权责任法随意拓展适用于合同债权,损害私法自治的

实现，混淆侵权责任法与合同法的规范体系，属于适用法律错误。

判决要旨

浙江省杭州市中级人民法院驳回上诉，维持原判。

法院认为：首先，微信平台建立的互联网商业经营模式可为其带来流量变现的商业利益和发展空间，X 以此获取的商业利益和形成的竞争优势，属于其合法权益，应受到反不正当竞争法的保护。其次，被诉行为具有不正当性。(1)涉案公众账号仿造微信"投诉"界面的行为容易导致普通用户误认为是微信官方的投诉服务，阻断了微信平台通过投诉服务与微信用户沟通的渠道，损害了用户体验与利益，影响了微信的商誉，构成足以引人误认为是他人服务的混淆行为，违反了《反不正当竞争法》第 6 条的规定。(2)涉案公众号实际并未提供所宣传的相关服务内容，属于《反不正当竞争法》第 8 条规定的引人误解的虚假宣传。(3)Y 伪造资质文件并通过涉案微信公众号经营，以此获得其本不应当获得的微信生态中的竞争资源和竞争优势，攫取商业利益，违背了诚信经营的行为准则；Y 的行为损害了平台其他用户的权益，破坏了公平的市场竞争秩序，其通过虚假夸大的宣传吸引客户，造成消费者的混淆和损失，同时亦降低了微信用户对微信平台商誉的评价，违反了《反不正当竞争法》第 2 条的规定。再次，被诉行为对 X 造成损害。该行为破坏了微信生态准入的公平性，损害消费者利益的同时影响其他经营者的盈利，从而破坏了微信真实、诚信的互动生态系统，损害了 X 通过大量投入微信产品而获取到的网络用户注意力的互联网市场竞争优势，影响微信的生态获益。最后，X 具有原告主体资格。平台搭建者与平台经营性用户虽然没有直接的竞争关系，但经营者如果实施反不正当竞争法禁止的行为，同样可对平台本身和使用平台的个人消费者造成权益损害。因此，反不正当竞争法的着眼点不应当仅局限于具有直接竞争关系的主体之间，而是应当聚焦于"竞争性利益"的保护。X 的竞争优势应当予以保护。本案被诉行为构成违约行为和不正当竞争行为竞合的行为，X 选择不正当竞争纠纷提起诉讼符合法律规定。

评 析

一、判决思路和意义

本案主要的争议焦点在于原告是否有权提起不正当竞争之诉。Y 认为本案应当属于合同纠纷，不应将违约行为作为不正当竞争行为进行判断，X 不具有提起反不正当竞争诉讼的主体资格。而法院并未支持 Y 的抗辩，从保护互联网平台生态的角度出发，认为微信生态系统构成商业利益和竞争优势，Y 破坏微信生态系统的行为可能损害原告与其他用户之间建立的良好商业秩序，损害 X 的商誉，构成不正当竞争。法院认为，被诉行为构成违约行为和不正当竞争行为竞合，原告有权选择不正当竞争诉由来提起诉讼。网络不正当竞争案件有不少发生在互联网商业平台上，平台运营商与用户之间通常都签有用户协议，以约束双方之间的权利义务关系，一旦发生纠纷，本案 Y 主张的责任竞合问题便会凸显。本判决提出了针对该类案件的一种处理方式，无论是否合理，都可以为以后的类似案件提供参考。

二、规范及学理

本案涉及民事责任竞合问题。原告以不正当竞争为由提起诉讼，而被告主张双方之间系合同纠纷，法院不应将违约行为作为不正当竞争行为进行判断，原告不具有提起反不正当竞争诉讼的主体资格。对于侵权责任与违约责任的竞合，原《合同法》第 122 条规定："因当事人一方的违约行为，侵害对方人身、财产权益的，受损害方有权选择依照本法要求其承担违约责任或者依照其他法律要求其承担侵权责任。"《民法典》颁布后，该条规定被移入《民法典》第 186 条，但主要内容基本不变。《最高人民法院关于印发修改后的〈民事案件案由规定〉的通知》（法〔2020〕347号）规定："在请求权竞合的情形下，人民法院应当按照当事人自主选择行使的请求权所涉及的诉争的法律关系的性质，确定相应的案由。"民事责任竞合问题通常是指违约责任和侵权责任竞合，即某一不法民事行为，违反了合同规范和侵权规范，同时具备了违约责任的构成要件和侵权责任的构成要件，导致了法律上违约责任与侵权责任同时产生的一种法律现象，[1]学理上有法条竞合说、请求权竞合说、请求权规范竞合说等几种学说。法条竞合说认为，违约行为与侵权行为均为侵害他人权利的不法行为，并无本质差别，但违约行为是侵权行为的特别形态，同一不法行为符合两种责任构成要件的情况下，特别法优于普通法，仅产生合同上的请求权，无所谓两个请求权竞合可言。[2] 请求权竞合说认为，当一个行为同时具备侵权责任与违约责任构成要件时，应根据各自的法律规范加以判断，因而产生请求权并存，权利人可以任意主张其一或者同时主张其全部请求权。请求权规范竞合说则认为，债权人基于债务人违约或不法行为产生的请求权只有一个，只能一次履行、一次起诉、一次让与，只不过支持这一请求权的法律基础有两个，一为契约关系，二为侵权关系。请求权基础不同，举证责任也不同，某一请求权的基础不成立，不能排除基于其他基础的请求权。根据原《合同法》第122条的规定，学界一般认为我国立法对此采用的是请求权竞合说，司法实践也大多根据这一学理认可当事人根据自己选择提交的案由，如有法官认为，当不正当竞争的侵权责任与违约责任发生竞合时，"应允许当事人选择有利的诉由提起诉讼"，"有管辖权的受诉法院不应以存在其他诉由为由拒绝受理"。[3] 但是，也有学者主张

〔1〕参见吴德桥：《违约责任与侵权责任竞合的几种理论学说评述》，载《法学评论》1991年第2期。

〔2〕参见王泽鉴：《民法学说与判例研究》（一），中国政法大学出版社2003年版，第402页；郑玉波：《民法债编总论》，中国政法大学出版社2004年版，第302页。

〔3〕祝建军：《不正当竞争侵权与违约竞合的处理规则》，载《人民法院报》2015年4月30日，第7版。

一种“新法条竞合说”，认为竞合时的法律适用分为适用合同法和侵权责任法两种情形，前者为原则，后者为例外，否则，合同之诉就会被侵权之诉取代，契约自由就可能被消灭；只有当侵权法或特别法明确将某种违约行为规定为侵权行为的类型，或者侵权赔偿有法定最高限额的情形，方适用侵权法规则。[1]

三、以往司法实践

依据北京知识产权法院（2019）京73民终3263号民事判决书，被告将其合法注册并控制的原告视频网站VIP账号出租给他人，原告以不正当竞争为由提起诉讼，获得法院支持。因为被告并未提起本案系合同纠纷的抗辩，所以法院亦并未就涉案行为是否构成责任竞合进行分析。在深圳迈瑞公司与马西莫公司不正当竞争纠纷管辖权异议案[2]中，虽然涉及的并非诉由而是管辖权异议，但也体现了合同约定在侵权诉讼中的适用问题。原告迈瑞公司向深圳市中级人民法院起诉马西莫公司不正当竞争，马西莫公司则主张，根据双方签订的协议，本案应由美国加利福尼亚州中区联邦法院管辖。一审法院认定本案属于侵权纠纷案件，按照我国法律规定的侵权行为纠纷的管辖规则，一审法院有管辖权。马西莫公司不服一审裁定，向广东省高级人民法院提起上诉，认为一审法院不顾双方已明确约定管辖与法律适用的协议，裁定侵权纠纷成立并认定一审法院具有管辖权是错误的。二审法院虽然也认为本案属于侵权纠纷，但认为迈瑞公司起诉的依据主要是其与马西莫公司签订的协议，所诉称的侵权行为发生在双方的交易活动中，诉讼请求亦与该协议的履行有关，该协议约定的管辖条款对迈瑞公司提起本

---

〔1〕 参见谢鸿飞：《违约责任与侵权责任竞合理论的再构成》，载《环球法律评论》2014年第6期。

〔2〕 参见最高人民法院民事裁定书，（2014）民提字第218号。

案诉讼具有拘束力，因而一审法院对本案无管辖权。[1] 最高人民法院经再审认为，本案在性质上属于侵权纠纷，可由侵权行为地或被告住所地法院管辖，因而一审法院有权对本案行使管辖权。对于双方约定管辖权的协议，最高人民法院认为，迈瑞公司还提供了与被诉侵权行为有关的其他证据，该侵权行为已经超出了双方协议履行的范围，不受该协议管辖条款的约束，一审法院有权对本案行使管辖权。最高人民法院的裁定虽然认为一审法院具有管辖权，但并非不认可双方管辖协议的效力，而是认为被诉行为在管辖协议范围之外。可见，最高人民法院的态度也是首先尊重双方的约定。

四、判决的价值参考

本案两审法院虽然都围绕被告行为是否构成不正当竞争展开说理并作出判决，但被告抗辩的焦点却是案由，即本案到底应该是不正当竞争之诉还是合同之诉，原告是否具备提起不正当竞争之诉的主体资格。在被告看来，原告以不正当竞争案由提起本案诉讼不具备合理性和必要性，当违约责任与侵权责任发生竞合时，需要判断行为是否已经为协议所约定，行为造成的后果或损失是否超出协议的合理预期。以不正当竞争作为诉由，规避合同的有效约定，将使合同形同虚设从而损害私法自治，也混淆了侵权责任法与合同法的规范体系。侵权责任与违约责任在构成要件、举证责任、责任形式及赔偿范围等方面均有不同，审查重点与侧重保护的权益方面亦有所差异，考虑到有相当多的网络不正当竞争案件发生在互联网商业平台，而这些平台与用户之间往往都签有协议，对于二者之间的纠纷，如果原告都主张反不正当竞争之诉，是否会如本案被告所言，导致合同形同虚设？广义上的侵权责任包括违约责任，本案体现出来的判决思路如果广为接受，是否会导致至

〔1〕 参见广东省高级人民法院民事裁定书，(2014)粤高法立民终字第61号。

少在互联网商业领域，违约责任完全为侵权责任所吸收？那么传统民事责任的两分法到底还有无存在的必要？互联网业态下的合同责任与侵权责任的边界值得进一步研究。

《反不正当竞争法》第6条：仿冒混淆行为

011

描述性商品名称构成有一定影响商品名称的认定 / 张传磊

添柏岚许可有限责任公司与中山市同业鞋业有限公司等侵害商标权、不正当竞争纠纷案 / **浙江省杭州市中级人民法院民事判决书，(2019)浙01民终4337号**

事实概要

添柏岚许可有限责任公司(一审原告、二审被上诉人，以下简称X)向一审法院起诉称，中山市同业鞋业有限公司(一审被告，二审上诉人，以下简称Y)在其天猫店铺中销售名为“踢不烂10061大黄靴”的产品，无论是颜色、造型、鞋底纹路、细节线条，还是产品型号都效仿了其“大黄靴”产品，甚至直接使用了“踢不烂”来介绍、宣传商品。同时，在其开设的淘宝店铺、微店也大量使用“踢不烂”“Timberland”“大黄靴”标识销售侵权产品，在百度贴吧中发帖称“The same way 10061，大黄靴经典复刻，森威鞋店口碑产品”。故主张Y的上述行为构成商标侵权及不正当竞争。

一审法院认定，Y生产、销售上述侵犯X涉案商标权的产品，侵犯了X的商标专用权，在商品名称及宣传中使用“踢不烂”介绍宣传被诉侵权产品，容易使相关公众误认为其产品源于X，构成擅自使用他人一定影响的商品的特有名称的不正当竞争行为。Y生产、销售的被诉侵权产品采用了与X的“大黄靴”产品完全相同的装潢，构成擅自使用他人一定影响的商品的特有包装、装潢的不正当竞争行为。Y不服一审判决提起上诉。

判决要旨

浙江省杭州市中级人民法院驳回上诉，维持原判。

二审判决认为，有一定影响的商品名称，是指该商品名称能够起到区别商品来源的作用，当该商品名称由于商业使用已经客观上起到区别商品来源的作用，可以认定该商品名称具备了特有性。“踢不烂”属于明显的夸张方式，基于普通理性消费者的日常生活经验，相关公众不会因为“踢不烂”三个字而产生错误认识并因此造成误解，经过商业使用，可以起到区别商品来源的作用。

关于包装、装潢，二审判决认为，X 的“大黄靴”产品既不属于商品自身性质决定的设计，也不属于为实现某种功能效果所必需的设计，具有美化商品作用，体现出一定的特色，可以认定为“大黄靴”产品的整体装潢，且通过市场上的使用，相关公众已经将该装潢与 X 联系起来，上述装潢具有区别商品来源的作用，Y 并未提交有效证据证明有他人早于涉案“大黄靴”在相同或者类似商品上使用了相同或者近似的装潢设计。因此，在“大黄靴”产品已具有一定影响的情况下，其使用的上述装潢构成有一定影响的商品包装、装潢。

评　析

一、判决思路和意义

在本案中，两级法院在论证思路上的不同之处体现在整体的裁判逻辑上。一审判决对于“有一定影响的商品”和“特有名称”分开讨论，此进路与现行《反不正当竞争法》立法精神并不相符。该思路遵循了“两段论”或“两要件论”，将“有一定影响的商品”与“特有商品名称”分为两个独立的要件论证，即首先论证“大黄靴”产品是否属于一定影响力的商品，再论证“踢不烂”及“大黄靴”产品的包装、装潢是否构成属于“特有名称、包装及装潢”。该论证方式实际上遵循了反不正当竞争法领域原有“知名商品特有的名称、包装、装潢”的认定思路，即首先证明存在一个“知名商品”，再论证存在一个“特有的名称、包装、装潢”。但二审的认定思路则有所不同，其认为有一定影响的商品名称、包装及装潢等，是指该商品名称、包装及装潢由于商业使用已经客观上能够起到区别商品来源的作用，进而属于《反不正当竞争法》第6条所保护的“有一定影响的商品名称、包装、装潢”，这一思路没有将“有一定影响的商品”和“特有的商品名称”两个独立要件分别论证。

一、二审判决的相同之处在于，均认为具有描述性的商品名称获得显著性后即构成有一定影响的商品名称。就商品名称显著性较弱而获得保护的角度而言，本案两审判决将是否构成有一定影响的商品名称的认定转化为对“踢不烂”是否“由于商业使用已经客观上起到区别商品来源的作用”以及是否“与X产品建立对应关系”的分析上，而如果能够起到区别商品来源的作用以及建立对应关系，即为“取得显著性”。一、二审判决均从主动与被动两个角度进行分析，既分析X“持续主动地使用‘踢不烂’称呼其产品或品牌”，亦分析“相关公众以‘踢不烂’称呼X timberland品牌或产品”，进而得出结论“踢不烂”已经与X产品建立对应关系，取得了显著性，构成“有一定影响的商品名称”。简言之，具有描述性的商品名称经使用获得显著性的，构成有一定影响的商品名称。

整体而言，二审判决的思路更加合理，也符合《反不正当竞争法》的立法精神。本案重申了具有一定描述性的商品名称作为“有一定影响的商品名称”受到保护的裁判规则，明确了对认定“客观上起到区别商品来源的作用”须从主动使用的方式以及相关公众的认知两个角度予以分析，完善了具有描述性的商品名称获得保护的裁判规则。

二、具有描述性的商品名称获得保护的规范及学理

最高人民法院《关于审理不正当竞争民事案件应用法律若干问题的解

释》（以下简称《不正当竞争司法解释》）第2条规定，具有区别商品来源的显著特征的商品的名称，应当认定为反不正当竞争法规定的“特有名称、包装、装潢”，但仅仅直接表示商品的质量、主要原料、功能、用途、重量、数量及其他特点的商品名称以及仅由商品自身的性质产生的形状，不宜认定为特有的名称，除非经过使用取得显著特征的，可以认定为特有的名称。上述规定系对1993年《反不正当竞争法》中“特有商品、包装、装潢”的解释，即借鉴了《商标法》的规定，将特有性解释为显著性。但在2017年及2019年修正的《反不正当竞争法》中删除“特有”规定后，以上解释是否还有适用的空间则存在一定的疑问。尤其是将“知名商品”“特有包装装潢”两个要件合并为“有一定影响的商品名称”后，如何理解“特有性”与“有一定影响”的关系，目前尚无明确的法律规定或者司法解释。

从学术的角度来看，对于具有描述性等缺乏显著性或者显著性较低的名称，一般情况下不具有识别商品来源的作用，不能成为某一市场主体享有权利的特有名称。但是具有显著性的商品名称，在成为注册商标之前，其获得保护的条件并非仅仅是具有显著性，只有经过使用使该名称与特定来源建立实际联系的情况下，才可以给予保护。有学者认为，反不正当竞争法对未注册商业标识所保护系“归属意义上的权益”，即该标识与特定来源之间的固定联系。[1] 在此意义上，就缺乏显著性的商品名称而言，其经过使用而获得显著性或者知名度，本质上都是使公众能够将一个商品的名称与该商品的特定来源建立起固定的联系，在这种情形下，未注册商业标识的“知名”和“特有”其实是相伴而生的，并没有实质性的差异。[2] 有学者提出，就“知名商品特有的名称”而言，在一个商品上使用的文字标识如果具有了知名度

---

〔1〕 参见孔祥俊：《反不正当竞争法新论》，人民法院出版社2001年版，第345页。

〔2〕 参见王太平、袁振宗：《反不正当竞争法的商业标识保护制度之评析》，载《知识产权》2018年第5期。

而使得公众将该名称与该特定来源的商品之间建立起了联系，该名称就可以享有“知名商品特有的名称”的保护。[1]

应当说，真正能够承载知名度的是标识本身，商品并无来源意义上的知名度可言。对于具有一定描述性的商品名称，其能否获得保护，需要分析其与特定的来源之间是否建立了固定的联系，也就是商标法上所称的“获得显著性”或者“第二含义”。而如何认定已经建立固定的联系，需要考察权利人的主动使用行为以及相关公众的客观认知，证明该名称、包装、装潢在公众中是否具有知名度或影响力。但需要注意的是，基于说理逻辑的严谨性，在论证具有一定描述性的商品名称已经与特定来源建立固定联系后，无须再论证该等名称已经具有显著性或者符合“特有”要件的要求，因为二者在实质上并无差异。

三、以往司法实践

在《反不正当竞争法》修订之前，司法判决大多将“知名商品”与“特有包装装潢”作为两个独立的要件进行论述。例如，在最高人民法院(2011)民提字第60号民事判决书中，最高人民法院首先认定“御生堂肠清茶”为相关公众所知悉，构成“知名商品”。但作为商品名称“肠清茶”有“肠道清理”之意，直接标明了该类产品的功能和用途，缺乏固有显著性，其能否构成“特有名称”需要分析该名称是否通过使用获得了显著性。最高人民法院认为权利人的使用行为方式侧重于宣传肠清茶的功能，并不能使相关公众将“肠清茶”与某一特定来源主体相联系，亦不能证明其客观上具有区分商品来源的作用，因此不构成“特有名称”。(2011)民提字第60号民事判决系基于1993年《反不正当竞争法》作出，其从“知名商品”与“特有名称”两个要件出发进

[1] 参见张伟君：《论“知名商品特有名称包装装潢”条款的修改和完善》，载《知识产权》2017年第6期。

行分析无可厚非，但也体现了该等说理方式的逻辑瑕疵。既然“肠清茶”的使用方式不足以使相关公众建立该标识与特定来源的关系，此时该名称并无产生知名度或者影响力的可能性，至少不是“归属意义”或来源识别意义上的知名度，不可能满足“有一定影响”的要件。但最高人民法院（2011）民提字第60号案件在商品名称是否能够产生知名度的考察上，重点考虑了权利人的使用方式，这与本案中一、二审的思路相同。

从司法实践来看，对于描述性的商品名称而言，其获得保护的前提是认定该名称已经与特定来源建立了固定的联系，该种联系也是反不正当竞争法所保护的法益。

四、判决的价值参考

本案对有一定描述性的商品名称构成有一定影响的商品名称的条件进行了分解，但其核心标准还在于该等名称经过使用后能否与特定来源建立固定的联系，这种固定的联系也就是商标法学理上的“获得显著性”或者“第二含义”。

本案二审的相关说理符合《反不正当竞争法》的立法精神，同时细化了认定“有一定影响”的考虑因素，对今后涉及描述性的商品名称案件而言，具有参考价值。同时，笔者能够注意到，本案的一审说理逻辑仍然落入“商品有一定影响”+“名称特有”的原有窠臼之中，这也提示，对于现行《反不正当竞争法》中第6条第1项的适用还需要作进一步研究和探讨，尽快形成统一的裁判规则。

012

有一定影响的商品名称、包装、装潢的认定标准 / 张传磊

屏山县源顺套醋有限责任公司与屏山永昌食品有限责任公司等不正当竞争纠纷案 / 四川省高级人民法院民事判决书,(2020)川知民终180号

事实概要

屏山县源顺套醋有限责任公司(一审原告、二审被上诉人,以下简称X)自2003年起开始从事食醋的生产、销售。自2008年至今,X生产的食醋就以“元顺”牌“屏山套醋”和“屏山元顺套醋”命名,采用的包装、装潢特点如下:(1)用于装食醋的瓶子具有特定的形状;(2)绿色青山瓶以绿色青山为背景,上下均为绿色边框,下边框上方为公司名字,中间为“屏山套醋”或“屏山元顺套醋”,左边为文字描述及条形码,右边为文字;(3)寿星老人瓶为白色的背景,红色的边框,右边寿星老人肩上手杖,手拿鲜桃,寿星老人系黄色衣服,中间标注“屏山套醋”或“屏山元顺套醋”,左边是黑色字体。使用上述瓶子和瓶贴设计的产品自2015年起,由X在公交媒体、屏山县广播电视台、消费日报网、百度等媒体上进行宣传与推广,产品销往屏山、宜宾部分超市、副食店,以及成都世纪玛特超市和红旗超市等。X的商品及标识写入了2009年出版的《屏山县志》,并成为2017年屏山形象宣传片的内容;X曾在一些评比获得中获“行业优质信誉示范单位”“四川省质量诚信标杆企业”等荣誉。

屏山永昌食品有限责任公司(一审被告、二审上诉人,以下简称Y1)生产了“屏山元顺套醋”产品,并由宜宾市翠屏区国彬干鲜调味品经营部(一审被告,二审上诉人,以下简称Y2)进行销售。其包装装潢特点为产品瓶盖为

黄色瓶盖，瓶贴以绿色青山和雪山为背景，上下均为绿色边框，下边框上方为公司名字，中间为“屏山元顺套醋”，左边为条形码，右边产品名称、配料表、产品标准、生产日期、保质期等文字描述。

X遂诉称Y1、Y2的行为构成商标侵权及不正当竞争，要求其停止侵权、消除影响、赔偿损失。

判决要旨

一审法院认为，本案中，X提交的证据可以证明，该公司生产的食醋采用的瓶贴包装、装潢不仅在四川省宜宾市范围内有一定影响，而且在四川省成都市也有一定影响，在当地已被相关公众熟知，已具有产生识别商品来源的功能，属于2017年《反不正当竞争法》第6条第1项规定的保护范围。Y1、Y2的行为构成商标侵权和擅自使用与他人有一定影响的商品包装、装潢近似标识的不正当竞争行为。

二审法院判决驳回上诉，维持原判。

评 析

一、判决思路和意义

本案判决书回答了修订后的《反不正当竞争法》第6条规定的“擅自使用他人有一定影响的标识”的行为如何认定的问题，主要是“有一定影响”这一知名度标准如何把握。

最高人民法院《关于审理不正当竞争民事案件应用法律若干问题的解释》（以下简称《不正当竞争司法解释》）第1条第1款“在中国境内具有一定的市场知名度，为相关公众所知悉的商品，应当认定为反不正当竞争法第五条第（二）项规定的‘知名商品’”之规定尚未修改，这就使2017年《反不正当竞争法》中“有一定影响”这一标准在有关司法解释中缺乏相应规定，进而给法律适用带来困难。

本案判决将最高人民法院《关于审理商标授权确权行政案件若干问题的规定》第23条的规定引入，具有一定的合理性。一方面，《反不正当竞争法》第6条的规定是对未注册商标法律保护的补充；另一方面，有学理观点亦认为，《反不正当竞争法》第6条的修改本身，即是将《商标法》上的“有一定影响”的概念引入《反不正当竞争法》。

二、“有一定影响的商品名称、包装、装潢”的认定规范及学理

1993年《反不正当竞争法》第5条规定：“经营者不得采用下列不正当手段从事市场交易，损害竞争对手：……（二）擅自使用知名商品特有的名称、包装、装潢，或者使用与知名商品近似的名称、包装、装潢，造成和他人的知名商品相混淆，使购买者误认为是该知名商品”。

对于该条规定，《最高人民法院民事审判第三庭关于山西省永和化工有限公司与运城地区绿康实业总公司不正当竞争纠纷案的函》（〔1999〕知监字第4号函）明确：“知名商品特有名称、包装、装潢权利的产生，以经营者在先合法使用该特有名称、包装、装潢且该商品在特定市场上知名为确认条件，除非违反法律或者行政法规的强制性规定，该商品是否经过登记不应成为确认权利产生的前提。”上述文件实际上明确了“知名商品特有名称、包装、装潢”需要满足“使用＋商品知名＋特有”三个要件。

《不正当竞争司法解释》第1条第1款规定：“在中国境内具有一定的市场知名度，为相关公众所知悉的商品，应当认定为反不正当竞争法第五条第（二）项规定的‘知名商品’。人民法院认定知名商品，应当考虑该商品的销售时间、销售区域、销售额和销售对象，进行任何宣传的持续时间、程度和地域范围，作为知名商品受保护的情况等因素，进行综合判断。原告应当对其商品的市场知名度负举证责任。”第2条第1款、第2款规定：“具有区别商品来源的显著特征的商品的名称、包装、装潢，应当认定为反不正当竞争法

第五条第(二)项规定的'特有的名称、包装、装潢'。有下列情形之一的，人民法院不认定为知名商品特有的名称、包装、装潢：(一)商品的通用名称、图形、型号；(二)仅仅直接表示商品的质量、主要原料、功能、用途、重量、数量及其他特点的商品名称；(三)仅由商品自身的性质产生的形状，为获得技术效果而需有的商品形状以及使商品具有实质性价值的形状；(四)其他缺乏显著特征的商品名称、包装、装潢。"上述不正当竞争司法解释的规定，再次明确了"知名商品+特有"是认定"知名商品特有名称、包装、装潢"的要件。

需要指出的是，上述《不正当竞争司法解释》第1条第1款将"知名商品"定义为"在中国境内具有一定的市场知名度，为相关公众所知悉的商品"。从文义解释的角度，该规定使司法实践中出现了将"知名商品"的知名度要求解读为"全国范围的市场知名度"的现象。

对于1993年《反不正当竞争法》第5条的规定，行政机关也有类似的解读。原国家工商行政管理总局颁布的《关于禁止仿冒知名商品特有的名称、包装、装潢的不正当竞争行为的若干规定》(国家工商行政管理总局令第33号，以下简称《禁止仿冒规定》)第3条第1款、第2款规定，"本规定所称知名商品，是指在市场上具有一定知名度，为相关公众所知悉的商品。本规定所称特有，是指商品名称、包装、装潢非为相关商品所通用，并具有显著的区别性特征。"

1993年《反不正当竞争法》的规定将"知名商品"表述为一个与商品名称、包装、装潢并列的独立的要件，这种思路也为相关部门规章、司法解释、实践判决和学理分析所采纳。[1] 但是，随着学理研究的深入，学者们开始质疑这种做法。有观点认为，1993年《反不正当竞争法》第5条第2项对知名商品特有名称、包装、装潢的保护是一种弥补《商标法》不足而对未注册商标

---

〔1〕 参见杜颖、赵乃馨：《〈反不正当竞争法〉第6条第1项的理解与适用》，载《法律适用》2018年第15期。

的保护，是一种“附加的补充性保护”，这种保护不应当与商标法保护相抵触。[1] 基于以上认知，学者进一步认为，1993年《反不正当竞争法》第5条第2项存在“保护对象错置”“构成要件扭曲”的问题：当知名商品和其上所使用的“名称、包装、装潢”等的产生或使用时间不一致时，要求“商品”知名而非“名称、包装、装潢”知名就会导致使用于老商品上的新名称、包装、装潢也成为“知名商品特有包装装潢”，这就违背了保护来源识别标识的立法本意；“知名商品”和“名称、包装、装潢特有”并列本身也存在矛盾，因为“知名商品”说明具有了获得显著性，此时再考虑特有与否没有意义。[2] 有学者进一步指出，“知名商品特有的名称”不是“知名商品+特有的名称”两个要件，而是该商品名称是“知名的”和“特有的”。[3]

2017年《反不正当竞争法》修订时，充分考虑了上述观点，将1993年《反不正当竞争法》规定的“知名商品特有包装装潢”修改为“有一定影响的商品名称、包装、装潢”，将对商品的知名度要求变更为对“名称、包装、装潢”的知名度要求。但是，“有一定影响”的知名度高低问题，在当下的学术研究中仍旧不无争议。有观点认为，《反不正当竞争法》第6条保护的商业标识与《商标法》上的未注册商标相当，因为该条赋予权益的所有者以禁止权；所以“有一定影响”对于知名度的要求，应当比照《商标法》第13条规定的“为相关公众所熟知”。[4] 有学者明确反对上述观点，并认为“有一定影响”相当于或者高于《商标法》中的“第二含义”或获得显著性，并且低于“为相关公众所

[1] 参见王太平：《我国知名商品特有名称法律保护制度之完善——基于我国反不正当竞争法第5条第2项的分析》，载《法商研究》2015年第6期。

[2] 同上。

[3] 参见张伟君：《论“知名商品特有名称包装装潢”条款的修改和完善》，载《知识产权》2017年第6期。

[4] 参见黄璞琳：《新〈反不正当竞争法〉与〈商标法〉在仿冒混淆方面的衔接问题浅析》，载《中国工商报》2017年11月7日，第7版。

熟知”的标准。[1] 还有学者认为,《商标法》中“一定影响”的定义结构,包括“使用”“在中国”“一定地域”“相关公众知晓”等,并指出地域对抗性是目前诸多司法案件的争议所在,进而认为,“认定其他商业标识具有同注册商标一样的地域辐射能力,偏离了反法上的引人误认的含义和标准,不当扩大了反法的功能”。[2] 另有学者认为,《反不正当竞争法》对标识保护规定的知名度要求,是该标识“具备一定的市场知名度”“为相关消费者所知悉”。[3]

三、以往司法实践

当下对“有一定影响”的认定,司法实践尚未完全统一,甚至适用条文进行解释也未有明确定论。目前的司法实践,主要是在具体案件中结合原告方提交的证据来认定有无知名度。有法院认为,“有一定影响”即“知名商品”,即“具有一定市场知名度,为相关公众所知悉的商品”,具体仍应当依据《不正当竞争司法解释》第 1 条规定的标准,结合有关因素综合判断。[4]

四、判决的价值参考

本案判决就如何解释“有一定影响”给出了新的思路。《反不正当竞争法》第 6 条的规定多被视为对《商标法》未注册商标法律保护的补充。而《商标法》除了保护未注册驰名商标外,即是第 32 条对在先使用有一定影响的未注册商标的保护。就这个角度而言,本案判决有其合理性,在一定程度上兼顾了立法目的和不同法律制度的衔接。目前,无论是立法还是司法解释,

---

〔1〕 参见王太平、袁振宗:《反不正当竞争法的商业标识保护制度之评析》,载《知识产权》2018 年第 5 期。

〔2〕 刘继峰:《反不正当竞争法中“一定影响”的语义澄清与意义验证》,载《中国法学》2020 年第 4 期。

〔3〕 姚鹤徽:《知名商品特有名称反不正当竞争保护制度辩证与完善——兼评〈反不正当竞争法(修订草案送审稿)〉》,载《法律科学:西北政法学院学报》2016 年第 3 期。

〔4〕 参见福建省高级人民法院民事判决书,(2020)闽民终 65 号。

对于如何解读“有一定影响”均未有明确的定论。司法实践中更多是结合原告方提交的证据进行判断。这种做法实际上并未回答“有一定影响”是一个怎么样的“知名程度”的问题，反而将其交由法官进行个案心证和自由裁量。这将难免导致不同法院基于对制度的不同理解，作出不同的认定。因此，可考虑尽快对《不正当竞争司法解释》第1条第1款进行修改；明确“有一定影响”的标准，具有紧迫性与必要性，这个标准如何界定比较合适，也是当下值得研究的议题。

013

不良影响的商业标识不受反不正当竞争法保护 / 张传磊

江苏苏萨食品有限公司与江苏南方果园生物科技有限公司不正当竞争纠纷案/最高人民法院民事判决书,(2020)最高法民再133号

事实概要

江苏苏萨食品有限公司(一审原告、二审被上诉人、再审被申请人,以下简称X)负责"特种兵生榨椰子汁"的生产、销售和品牌推广。2009年12月,X委托他人设计完成"特种兵生榨椰子汁"饮料产品的标签及纸箱外观设计,并将该包装使用于该公司生产、销售的生榨椰子汁产品上。自2013年12月9日,X先后与多家广告公司、电视台合作,投放使用了特种兵生榨椰子汁包装产品的广告。江苏南方果园生物科技有限公司(一审被告、二审上诉人、再审申请人,以下简称Y)生产销售"椰依"牌椰子汁,其包装瓶身整体采用蓝白色相间迷彩图案为背景,瓶身正面中部显示"椰依及图"标识,其中椭圆内有一椰农怀抱一个椰子,绿色彩带上书写"椰依"二字,瓶身下方为长方形框,框内左右分别分为黑色和白色底两部分框,左边黑色框内有白色字体的"生榨"字样,右边白色框内有黑色字体的"椰子汁"字样,瓶身右方商品标签页上标注产品制造商、地址、电话、产地等信息。

X明确其要求保护的"特种兵生榨椰子汁"包装、装潢的主要特征为:瓶身整体为深蓝、浅蓝白色相间的蓝色迷彩图案,瓶身上半部分标注注册商标标识,由"特种兵"中文字样、横排的5个黑色五角星和白底内嵌黑边的盾形图案组成,"特种兵"中文字样上方有7个人像剪影。瓶身下半部分有长方形框图案,框内分左右两部分,左右部分分别填充黑、白颜色形成对比,内书

竖排的"生榨椰子汁"字样，其中"生榨"字体为白色位于框内左半部分，"椰子汁"字体为黑色位于框内右半部分，上述字体与框内填充色形成黑白对比，长方形框内下方标注"植物蛋白饮料"以及净含量等信息。

X主张，Y生产销售的产品侵害了其知名商品特有包装装潢，要求其停止侵权、消除影响、赔偿经济损失。

一审法院认定，X的"特种兵生榨椰子汁"产品所使用的包装装潢属于知名商品特有包装装潢，Y的行为构成对X就该包装装潢享有的权益的侵害。Y不服一审判决提起上诉。二审法院驳回上诉，维持一审判决。Y向最高人民法院申请再审。

判决要旨

最高人民法院撤销一审、二审判决，改判驳回X的起诉。

最高人民法院认为，首先，涉案包装装潢请求保护的范围应当以X一审阶段明确主张的包装、装潢的构成要素为准，即包含"特种兵"文字及盾牌图形。其次，与"特种兵"商标相同的元素占涉案包装、装潢的显著位置，且与涉案包装的其他元素难以分离，"特种兵"文字及图形部分是涉案包装、装潢的核心组成部分。再次，在先判决已经认定"特种兵"标志作为商标使用具有不良影响，虽然指定使用在饮料商品上的"特种兵及图"商标尚未被生效判决认定为具有不良影响，但是被认定为具有不良影响的"特种兵"标志与涉案包装装潢上的"特种兵"元素相同。最后，反不正当竞争法保护的包装装潢以不损害他人及社会公共利益为前提，鉴于"特种兵"文字及盾牌图形已被认定为作为商标注册将产生不良影响，而该等元素是涉案包装装潢的显著识别部分、核心组成部分，因此涉案包装装潢同样不应作为反不正当竞争法意义上的具有一定影响的包装、装潢进行保护。

评 析

一、判决思路和意义

本案判决是实践中不常见的适用最高人民法院《关于审理不正当竞争民事案件应用法律若干问题的解释》(以下简称《不正当竞争司法解释》)第5条的规定,以违反《商标法》第10条第1款为由不予保护商品包装的案件。

该案判决的典型价值在于,认定涉案包装并非整体均违反《商标法》第10条第1款,而是该包装中的核心组成部分、显著识别部分,构成对《商标法》第10条第1款的违反。因此,该判决在一定程度上就什么是“商品的包装、装潢属于《商标法》第10条第1款规定的不得作为商标使用的标志”进行了扩大解释,将包装中的显著识别部分、核心部分违反《商标法》第10条第1款规定的情形也纳入了《不正当竞争司法解释》第5条适用的范围。

该案判决还表明,作为发挥类似商标作用的商业标识,对商品名称、包装、装潢的审查也在一定程度上需要遵循商标显著性审查的标准,即既要分析、评判该等商业标识整体,也要考虑其中显著识别部分、核心部分是否违反《商标法》的规定。

二、商业标识合法性的规范及学理

对于注册商标之外商业标识的合法性要求,上述司法解释的制定者称,《商标法》第10条第1款规定了不得作为商标使用的八种情形,这些标志既然不能作为商标使用,同理,也不能作为识别商品来源的商品名称、包装、装潢使用。[1] 有学者将上述司法解释的规定形容为“基本也是处处比照商标法的保护条件和规格,规定对知名商品特有名称、包装和装潢的保护”。[2]

---

〔1〕 参见蒋志培、孔祥俊、王永昌:《〈关于审理不正当竞争民事案件应用法律若干问题的解释〉的理解与适用》,载《法律适用》2007年第3期。

〔2〕 黄晖:《反不正当竞争法对未注册商标的保护》,载《中华商标》2007年第4期。

审理“特种兵”商标注册驳回复审案件的主审法官撰文指出，“商标法有关商标禁用条款的规定，相对于反不正当竞争法有关制止仿冒混淆行为的竞争法保护具有优先性。即使在先民事判决曾对诉争商标给予过竞争法保护，在后的商标授权确权行政案件也应当依据商标法的规定，对该标志是否具有可注册性进行独立审查”；这一观点的理论基础在于，《商标法》第 10 条第 1 款是商标禁注禁用条款，既然《反不正当竞争法》第 6 条实质是对未注册商标的保护，就需要确保该等“未注册商标”符合《商标法》第 10 条第 1 款的规定。上诉司法解释第 5 条对特定商品名称保护需具备合法性前提的要求，是对审理案件的法院提出的要求，并不以对方当事人提出抗辩为前提。[1]

三、以往司法实践

在当下的司法实践中，此类案件的情况较为少见。其中，较为知名的即“鬼吹灯”案。在案件审理过程中，被告方的抗辩理由、上诉理由均称“鬼吹定”涉及封建迷信，具有不良影响。江苏省徐州市中级人民法院在（2016）苏 03 民初 431 号民事判决中认为：商标局的驳回通知不能当然成为判断“鬼吹灯”是否具有不良影响的依据。在案证据表明，主观上，张某某使用“鬼吹灯”不具有宣扬封建迷信的主观意图，客观上，公众看到“鬼吹灯”更多是联想到其中曲折、悬疑的故事，而非“封建迷信”。在效果上，“鬼吹灯”作为小说名称普遍获得好评，并为造成负面影响。该院因此认为“鬼吹灯”可以构成知名商品的名称。

二审江苏省高级人民法院在（2018）苏民终 377 号民事判决书中对上述问题进行了进一步的补充，该院认为，标识作为作品的名称，其具体含义是否具有不良影响需要结合作品内容综合判断，与商标能否注册的判断有着

---

[1] 参见周波：《浅析商标禁用条款在法律适用上的优先性》，载《中华商标》2017 年第 12 期。

本质不同。同时，在案证据证明“鬼吹灯”系列作品具有较高的市场知名度，“鬼吹灯”标识已经具备了区分不同小说的显著性。此外，“鬼吹灯”得到了版权、广电等部门的审核和行政许可也说明“鬼吹灯”不具有违法性。江苏省高级人民法院进而维持了一审判决对“鬼吹灯”构成知名商品名称的认定。

另一在先类似案例是“叫了个鸡”案。该案中，原告主张其服务名称“叫了个鸡”构成知名服务特有名称，上海市浦东新区人民法院认为，“叫了”与“鸡”的组合容易使人产生购买服务的低俗联想。而且原告在创业之初，发布了大量“没有性生活的鸡”“和她有一腿”等广告宣传语。该等意图迎合低级趣味、有伤风化的不良商业标识，严重违背公序良俗，而且确实引起了社会公众和媒体的批评谴责。原告还曾因此被工商部门以违反《广告法》为由进行了处罚。原告申请的“叫了个鸡”商标也曾被商标局以具有不良影响为由驳回。该院特别强调，负面、消极的市场声誉不是源自优质服务产生的市场美誉，不能归入商誉的范畴，也不能被理解为《反不正当竞争法》保护的“知名服务”的应有之义。上海市浦东新区人民法院遂驳回原告关于“叫了个鸡”构成“知名服务”的相关诉讼请求。[1]

四、判决的价值参考

本案与上述在先案例，实际上提出一个问题，即实质相同的商标在行政程序中被驳回或无效的事实，是否必然意味着该等标识如果作为“商品的名称、包装、装潢”使用，也违反《商标法》第10条第1款的规定？“叫了个鸡”案和“特种兵”案对此给出了肯定的答案，但是“鬼吹灯”案则并不这么认为。

在一定程度上，该问题与《反不正当竞争法》第6条第1款的定位紧密联系，如果认为该条是对“未注册商标”的保护或补充保护，那么原则上有关

---

〔1〕 参见上海市浦东新区人民法院民事判决书，(2017)沪0115民初74401号。

标识需要遵循《商标法》第10条第1款的规定。但是,《商标法》第10条第1款的规定,是否存在因为语境、商品、服务类别的变动,而存在认定结果的差异？这恐怕也是值得司法实践以及理论界探索的问题。

014

反不正当竞争法保护商业标识的知名度范围认定 / 张传磊

天津冠芳可乐饮料有限公司与天津山楂树下饮品科技有限公司不正当竞争纠纷案 / 最高人民法院民事判决书,(2019)最高法民再 337 号

事实概要

天津冠芳可乐饮料有限公司(一审原告、二审上诉人、再审申请人,以下简称 X)是多枚注册在第 32 类上的“山楂树下”商标的权利人,其中第 847137 号商标还曾被认定为天津市著名商标。自 2017 年 11 月起,X 还将“山楂树下”用于产品上作为商品名称。天津山楂树下饮品科技有限公司(一审被告、二审被上诉人、再审被申请人,以下简称 Y)的企业名称为“天津山楂树下饮品科技有限公司”,注册成立于 2016 年 12 月 2 日,经营范围为果汁饮品新技术研发、预包装食品批发兼零售。X 诉称,Y 使用“山楂树下”作为企业名称中的字号,包含了自己的注册商标“山楂树下”,并与自己知名商品的特有名称“山楂树下”一致,Y 的相关行为构成不正当竞争,请求法院判令 Y 停止使用该企业名称,并赔偿其损失。

一审法院判决认为,X 未能证明其“山楂树下”商标的知名度,也不能证明“山楂树下”是该公司的知名商品特有名称,判决驳回 X 诉讼请求。X 不服提起上诉,二审法院判决驳回上诉,维持原判。X 因此向最高人民法院(以下简称再审法院)申请再审。

判决要旨

再审法院撤销一审、二审判决，改判Y停止使用“天津山楂树下饮品科技有限公司”的企业名称，并赔偿损失。

再审法院查明，X“山楂树下”产品的销售范围主要以河北省为主。其认为，根据最高人民法院《关于审理不正当竞争民事案件应用法律若干问题的解释》第1条第1款之规定，在中国境内具有一定的市场知名度，为相关公众所知悉的商品为知名商品。这里“在中国境内具有一定的市场知名度”，并非要求相关产品在全国范围内均具有一定的市场知名度。因此，在案证据足以证明X的“山楂树下”商品在2016年以前在我国境内具有一定的市场知名度。

再审法院判决指出，原国家工商行政管理局《关于禁止仿冒知名商品特有的名称、包装、装潢的不正当竞争行为的若干规定》（国家工商行政管理总局令第33号，以下简称《禁止仿冒规定》）第3条第3项“本规定所称知名商品特有的名称，是指知名商品独有的与通用名称有显著区别的商品名称。但该名称已经作为商标注册的除外”的规定要义在于，某一名称作为已经作为商标注册的，不再作为知名商品的特有名称受到保护，而非否定该名称的特有性和显著性。“山楂树下”被核准注册为商标的事实，恰恰说明了该标识的显著性和特有性。

再审法院认为，Y作为X的同行业经营者，同位于天津地区，应知X“山楂树下”饮品的知名度，仍然将“山楂树下”登记为企业字号，并生产同种产品，容易造成消费者混淆，构成不正当竞争行为，应承担相应的侵权责任。

评　析

一、判决思路和意义

再审法院判决核心要义在于，认定X的“山楂树下”商品名称构成了1993年《反不正当竞争法》第5条规定的“知名商品特有名称”。需要指出的是，再审判决在认定“知名商品特有名称”时，遵循的思路仍旧是“知名商品”+“特有”的标准。

对于“特有”，再审判决直接以“山楂树下”已经获得商标注册为由，肯定了“山楂树下”的特有性。对于“知名商品”的认定，则是本案再审判决的价值所在，其明确了“知名商品”的认定标准。再审判决认为，1993年《反不正当竞争法》第5条保护的“知名商品”，对知名度的要求并非在全国范围内享有知名度，也可以是在国内特定地域范围享有知名度，并进而对二审判决进行了纠正。这在一定程度上扩大了“知名商品”的保护范围，降低了对知名度的要求，并在实质上与修订后的《反不正当竞争法》“有一定影响”之规定要求的知名度相匹配。

但是，该份判决亦表明，对于《反不正当竞争法》修订前的案件，在认定“知名商品特有名称、包装、装潢”时，仍旧需要满足“商品知名”而且“名称、包装、装潢特有”这两个条件。

二、知名商品特有名称、包装、装潢认定的规范及学理

1993年《反不正当竞争法》第5条规定：“经营者不得采用下列不正当手段从事市场交易，损害竞争对手：……（二）擅自使用知名商品特有的名称、包装、装潢，或者使用与知名商品近似的名称、包装、装潢，造成和他人的知名商品相混淆，使购买者误认为是该知名商品。”在上述第5条的基础上，多部司法解释、部门规章均将“商品知名”作为认定“知名商品”特有名称、包装、装潢的要件。

对于“商品的知名度要求”，不同规范性文件有不同的规定。原国家工商行政管理总局颁布的《禁止仿冒规定》采用的是“推定知名”的做法。《禁止仿冒规定》第4条第1款规定：“商品名称、包装、装潢被他人擅自作相同或者近似使用，足以造成购买者误认的，该商品即可认定为知名商品”。该规定实际上并未对“商品”提出真正意义上的知名度要求。

司法实践中的认定标准则发生过变动。《最高人民法院民事审判第三庭关于山西省永和化工有限公司与运城地区绿康实业总公司不正当竞争纠纷案的函》(〔1999〕知监字第4号函)认为:“根据农业部的有关规定,农肥产品在获得登记之前至少应进行三个不同地区、两年以上的田间肥效试验。在如此较大范围、较大时间内使用某种产品进行试验,客观上会使该试验产品在一定范围内为公众所知晓,形成一定的知名度。试验期间生产者在产品上使用特有的名称、包装、装潢等区别性标记并不违反国家强制性规定,属于合法使用。在该产品经过国家有关部门登记能够合法进入市场流通之后,产品的知名度会自然延伸为该登记商品的知名度,使该商品自然成为知名商品”。依据上述规定,“商品”的知名度源于使用,并进而形成一定的知名度,从而构成知名商品,“知名商品”的知名度可以是限于特定地域范围的。

但是,最高人民法院《关于审理不正当竞争民事案件应用法律若干问题的解释》(法释〔2007〕2号,以下简称《不正当竞争司法解释》)则给出了不同的解释。《不正当竞争司法解释》第1条第1款规定:“在中国境内具有一定的市场知名度,为相关公众所知悉的商品,应当认定为反不正当竞争法第五条第(二)项规定的‘知名商品’。人民法院认定知名商品,应当考虑该商品的销售时间、销售区域、销售额和销售对象,进行任何宣传的持续时间、程度和地域范围,作为知名商品受保护的情况等因素,进行综合判断。原告应当对其商品的市场知名度负举证责任”。该等规定一方面将知名度的举证责任分配给原告,另一方面提高了对“知名商品”的知名度要求,“在中国境内具有一定的市场知名度”的表述,从文义上多被解读为是全国范围的知名度要求。

学理上,有学者分析了“知名商品特有名称、包装、装潢”权益与注册商标专用权的生成机制:注册商标专用权通过授权而产生,一经授权即具有绝对性、排他性;而"知名商品特有名称、包装、装潢"权益则是因事实行为而产生的法益,因作为商业标志实际使用并具有一定的知名度,实际发挥商品来源的识别作用,因而受到保护。[1] 有观点认为,1993 年《反不正当竞争法》第 5 条第 2 项对知名商品特有名称、包装、装潢的保护是一种弥补《商标法》不足而对未注册商标的保护,是一种"附加的补充性保护",这种保护不应当与商标法保护相抵触。[2] 基于上述观点,其实"知名商品"的知名度不应与未注册驰名商标相当,否则就架空了《商标法》对"未注册知名商标"的保护,突破了"补充性保护"的定位。与此同时,基于"知名商品特有名称、包装、装潢"是一种因使用产生的法益,其保护范围应当与其使用的程度相当。从学理上看,可以接受非全国范围的"知名商品"。有学者在讨论 2017 年修订后的《反不正当竞争法》时,就知名度问题提出了"一定地域"的观点。[3]

从比较法的视角来看,一些国家的反不正当竞争法或关于禁止仿冒的法律规定中,没有明确提出知名度的要求,《巴黎公约》第 11 条之二关于反不正当竞争的规定,也没有关于知名度的规定;对此,有学者赞成《禁止仿冒规定》的做法,及足以造成混淆本身就说了知名度问题。[4]

综上所述,学界的观点虽然尚未完全统一,但是总体而言倾向于放宽对"知名商品"知名度的要求。当然,这与 1993 年《反不正当竞争法》总体的立法规定本身的瑕疵不无关联。

---

〔1〕 参见孔祥俊:《论商品名称包装装潢法益的属性与归属——兼评"红罐凉茶"特有包装装潢案》,载《知识产权》2017 年第 12 期。

〔2〕 参见王太平:《我国知名商品特有名称法律保护制度之完善——基于我国反不正当竞争法第 5 条第 2 项的分析》,载《法商研究》2015 年第 6 期。

〔3〕 参见刘继峰:《反不正当竞争法中"一定影响"的语义澄清与意义验证》,载《中国法学》2020 年第 4 期。

〔4〕 参见张伟君:《论"知名商品特有名称包装装潢"条款的修改和完善》,载《知识产权》2017 年第 6 期。

三、以往司法实践

如前所述,《不正当竞争司法解释》的观点偏向于全国范围的知名度要求。但是,各地司法机关的观点实际上并未统一,例如,北京市高级人民法院发布的《关于审理反不正当竞争案件几个问题的解答(试行)》(京高法发〔1998〕73号)规定,"反不正当竞争法中的'知名商品'是指在特定市场有一定的知名度、为相关公众知悉的商品。对知名商品的认定,应当综合考虑该商品在特定市场的生产销售历史和市场占有率,商品的质量、信誉情况及其广告投资和覆盖面等因素"。该规定中所谓"特定市场",并未明确范围,可以被解释为特定地域的市场,进而小于全国范围市场。

事实上,本案的一审、二审判决本身则代表了以往司法实践中的另一种观点。天津市高级人民法院在本案的二审判决中特别指出:"X对其冠芳品牌的'山楂树下'商品无论从广告宣传时间、程度、地域范围以及商品销售的区域等方面认定,尚不能达到在我国境内具有一定市场知名度,为相关公众所知晓的程度",进而对X的主张不予支持。该观点即认为,1993年《反不正当竞争法》第5条保护的"知名商品特有名称、包装、装潢",要求商品具有全国范围的知名度。

四、判决的价值参考

本案再审判决是在2017年修订的《反不正当竞争法》实施后,适用修订前的1993年《反不正当竞争法》审理的案件。鉴于法律本身的规定,法院并未突破认定"知名商标+特有"这两个过往惯常使用的认定"知名商品特有包装装潢"的要件。在此简单指出,该等要件本身有其局限性,并已为修订后的《反不正当竞争法》克服。

但是,可以看出,本案再审判决在努力回归反不正当竞争法对于商业标识保护的立法目的和制度价值，即赋予经过使用而有一定知名度的商业标识以一定范围的禁止权。这种禁止权的范围，根据标识经过使用产生知名度的范围确定。具体到本案中，即“山楂树下”商品名称可以控制天津市、河北省地区的使用行为。这一方面与修订后《反不正当竞争法》关于“有一定影响”的规定相契合，另一方面也更加切合《反不正当竞争法》的立法本意。

015

擅自利用他人非标识性利益构成"其他混淆行为" / 张传磊

山西七彩科技股份有限公司、山西网淘刀具有限公司与微展世(北京)数字科技有限公司不正当竞争纠纷案 / **北京知识产权法院民事判决书，(2020)京73民终1808号**

事实概要

微展世(北京)数字科技有限公司(一审原告、二审被上诉人,以下简称X)的业务系为各种产品制作3D展示软件,其经营的网站(以下称涉案权利网站)主要内容为宣传并展示X制作的3D展示软件。山西七彩科技股份有限公司、山西网淘刀具有限公司(一审被告、二审上诉人,以下简称Y)系关联公司,共同经营中国机床大全网(以下称涉案侵权网站)。X发现,点击涉案侵权网站上的"机床3D展"发布的推荐产品图片,即跳转至涉案权利网站对应的X享有著作权的软件(以下称涉案权利软件)展示页面。X以Y构成不正当竞争行为为由提起不正当竞争纠纷之诉。一审法院认定,Y未经X允许,使用能够为X增加交易机会和竞争优势的网站内容,在相关公众不是特别注意域名变化的情况下,足以导致混淆的可能性,由此造成交易机会和竞争优势变化,产生误认,不正当利用X已经形成的经营资源,构成《反不正当竞争法》第6条第4项规定的其他不正当竞争行为。

Y不服一审判决提起上诉。

判决要旨

北京知识产权法院驳回上诉，维持原判。

关于被控侵权行为是否构成不正当竞争行为，二审法院对一审判决予以确认，认为Y在未经X许可的情况下，擅自将其网站图片直接链接到X制作的涉案权利软件展示页面，在相关公众不是特别注意域名变化的情况下，足以导致混淆的可能性，产生误认，不正当利用X已经形成的经营资源，构成法律规定的不正当竞争行为。

评 析

一、判决思路和意义

《反不正当竞争法》于2017年修订时在第6条“经营者不得实施下列混淆行为，引人误认为是他人商品或者与他人存在特定联系”中增设了第4项规定：“其他足以引人误认为是他人商品或者与他人存在特定联系的混淆行为。”本案中在论述是否存在“混淆”的时候，二审判决采取了以下说理逻辑：(1)X作为涉案权利软件的权利人，在公证取证当时已具备就他人针对该软件形成的经营资源实施的不正当竞争行为提起诉讼的主体资格；(2)Y在未经X许可的情况下，擅自将其网站图片直接链接到X制作的涉案软件展示页面；(3)涉案权利软件属于X，其代表着X的业绩，可以构成应当受保护的经营资源；(4)在相关公众不是特别注意域名变化的情况下，易将不属于Y工作业绩的展示软件误认为归属于Y或与之存在特定关系，构成法律规定的不正当竞争行为。

2017年修订的《反不正当竞争法》增加了关于规制市场混淆行为的“兜底条款”，其设定目的在于规制伴随经济发展引发的各种新型市场仿冒混淆行为。为保证“兜底条款”的开放性以应对市场上新出现的混淆行为，其在表述上需要具有一定的“弹性”与“模糊性”，但这也给司法适用带来了一定的困难。本案在适用反不正当竞争法“兜底条款”上做了有益尝试，有助于进一步明确“兜底条款”的司法适用边界。

此外，本案在对“混淆”的认定以及被混淆对象上进行了一定的突破，根据《反不正当竞争法》第6条的文本表述，该条规制的混淆行为主要是指经营者擅自使用他人具有来源识别功能的商业标识，使相关公众认为使用该等商业标识的商品或者服务来源于他人或者认为与他人存在特定联系，进而影响相关公众的判断。但在本案中，法院认为混淆不仅包括来源识别意义上的混淆，还包括对经营业绩以及经营资源的误认，将其纳入“混淆”的范畴。即“将不属于Y工作业绩的展示软件误认为归属于Y或与Y存在特定关系，由此造成交易机会和竞争优势变化，产生误认”。这一认定可以有效制止欺骗相关公众的不正当竞争行为，但也将“混淆”的范围如此扩大，产生了类似一般条款的作用，相当于目前反不正当竞争法框架下存在两个一般性“兜底条款”，这会给法律适用造成困扰。

另外，从涉案行为来看，其亦符合虚假宣传不正当竞争行为的要件。本案在“被混淆对象”的扩张方面具有研究价值，也再次提出了混淆行为与虚假宣传行为如何界分的老难题。

二、混淆行为与虚假宣传行为界分及学理

1993年《反不正当竞争法》第5条规定：“经营者不得采用下列不正当手段从事市场交易，损害竞争对手：(一)假冒他人的注册商标；(二)擅自使用知名商品特有的名称、包装、装潢，或者使用与知名商品近似的名称、包装、装潢，造成和他人的知名商品相混淆，使购买者误认为是该知名商品；(三)擅自使用他人的企业名称或者姓名，引人误认为是他人的商品；(四)在商品上伪造或者冒用认证标志、名优标志等质量标志，伪造产地，对商品质量作引人误解的虚假表示。”该封闭式列举条款明确规定了对与包装、装潢、企业名称、姓名等有关的类型化混淆行为的禁止，因此对于根据该条无法解

释、但又违反诚实信用原则和公认商业道德的其他非类型化混淆是否构成不正当竞争行为，实践中只能寻求该法第2条即一般条款的解释。2017年修订的《反不正当竞争法》第6条则对该条款进行了调整，将其中的虚假表示条款删除，整合到第8条的虚假宣传条款之中，而新增了第4项作为混淆行为类型化兜底条款。

关于"混淆"，最高人民法院《关于审理不正当竞争民事案件应用法律若干问题的解释》（以下简称《不正当竞争司法解释》）第4条第1项规定，"足以使相关公众对商品的来源产生误认，包括误认为与知名商品的经营者具有许可使用、关联企业关系等特定联系的，应当认定为反不正当竞争法第五条第（二）项规定的'造成和他人的知名商品相混淆，使购买者误认为是该知名商品'"。由此可见，司法解释对于"混淆"的认定，虽然对较狭义的"来源混淆"进行了扩大解释，但也仅限于许可使用、关联企业关系等特定联系。

有观点认为，现行《反不正当竞争法》第6条实现了注册商标之外的商业标识保护的全覆盖。其第1项规定的是未注册商标保护，其中"等"字可以包括商品形状、广告语等标识；第2项主要规定了市场主体标识的保护，其中包括在中国境内使用的外国企业名称的保护；第3项和第4项规定了其他商业标识。[1] 从构成要件来看，2017年《反不正当竞争法》统一了各类仿冒混淆行为的共同因素，将"引人误认为是他人商品或者与他人存在特定联系"，规定为各类仿冒混淆行为的共同要件。[2] 还有观点认为，《反不正当竞争法》第6条第4项的混淆行为不是无限的，要有受到保护的商品上的商业标识，商业标识要具有一定影响，要属于商业标识的使用行为，这种商业

〔1〕 参见孔祥俊：《继承基础上的创新——新修订反不正当竞争法解读》，载《中国市场监管研究》2017年第12期。

〔2〕 参见孔祥俊：《论新修订〈反不正当竞争法〉的时代精神》，载《东方法学》2018年第1期。

标识的使用行为要具有混淆可能性。[1] 因此，从学界观点来看，《反不正当竞争法》第6条作为对注册商标之外的商业标识利益提供保护的法律，对非商业标识的使用行为不属于该条规制的范畴。

根据学理，《反不正当竞争法》规制的是使用了与他人相同或者近似的广义上标识的混淆行为。从本质上看，混淆行为是市场主体利用他人良好的商业信誉，让其商品与他人的知名商品相混淆，使相关公众无法识别到商品的真正主体。但在本案中，被控侵权行为并没有使用他人的"标识"，而链接到他人的软件产品之上。正如判决所述，如果不仔细注意域名，相关公众会"将不属于Y工作业绩的展示软件误认为归属于Y或与Y存在特定关系，由此造成交易机会和竞争优势变化，产生误认"，也就是此时X并未被相关公众所识别，进而产生联系。既然此时并没有出现一个可被混淆的"标识"，何来"混淆"？本案中，相关公众并没有产生来源混淆或者特定联系混淆，而被一种误导的方式认为Y可以提供链接指向的软件或者该软件系其制作；在该软件并不是由其提供的情况下，该行为更加符合现行《反不正当竞争法》第8条第1项"经营者不得对其商品的性能、功能、质量、销售状况、用户评价、曾获荣誉等作虚假或者引人误解的商业宣传，欺骗、误导消费者"的规定，因此如果对被控侵权行为以虚假宣传予以规制，可能会更合理。此外，本案判决提出了"经营资源"概念，如果经营资源虽非归属意义上的利益，但凝结了投入且能够提升市场竞争力，予以保护是符合《反不正当竞争法》本意的，但并非一定要适用混淆条款予以保护。

三、以往司法实践

本案适用《反不正当竞争法》第6条第4项的其他混淆行为条款予以规

[1] 参见王太平、袁振宗：《反不正当竞争法的商业标识保护制度之评析》，载《知识产权》2018年第5期。

制，而非适用第8条第1项的“虚假宣传”行为予以规制，体现出两审法院扩大了混淆行为的范围，也再次印证了混淆行为与虚假宣传行为之间的界限存在一定模糊性。混淆行为与虚假宣传行为都是采用不正当的手段，企图误导相关公众对其商品或者服务的认识。但虚假宣传行为虚假冒用的范围要大于市场混淆行为虚假冒用的范围，在某些领域可能会与市场混淆行为发生重合，从而产生责任的竞合。但在法律适用方面，在实践中存在一定分歧。

在中盛国际文化传播股份有限公司与城乡统筹发展研究中心不正当竞争纠纷案中，[1]中盛公司在未经城乡统筹发展研究中心（以下简称城乡中心）许可的情况下，在其运营网站的声明、简介、网页下方版权标识部分等处，称该网站为原国家新闻出版广电总局、国家事业单位“城乡中心”主办，并公示了该中心的事业单位法人证书号和ICP备案号。对此，城乡中心认为中盛公司属于擅自使用自己的名称，并构成虚假宣传。一审法院认为该网站亦非城乡中心主办、备案，其行为属于对网站主办单位的虚假宣传，使公众误认为该网站为城乡中心的网站或与城乡中心存在特定联系，构成了虚假宣传的不正当竞争行为，但由于已认定中盛公司的涉案行为构成虚假宣传，且中盛公司的行为系公示涉案网站为城乡中心主办，并非将城乡中心的名称作为自身的企业名称来使用，故不属于擅自使用城乡中心的企业名称。二审法院对此认定以及法律适用予以认可。由此可见，对于混淆行为与虚假宣传行为，即便是同一个法院，在不同案件中的理解也存在不同。

四、判决的价值参考

本判决将非标识性利益纳入《反不正当竞争法》第6条规制的范畴，无疑扩大了“被混淆对象”的范围，拓展了“其他混淆行为”，在一定意义上是有

〔1〕 参见北京知识产权法院民事判决书，(2019)京73民终3929号。

益的尝试。但是,从《反不正当竞争法》内部的逻辑体系以及第6条前3项保护的法益来看,将第4项的范围作如此扩张,可能会破坏法律内部体系的协调,导致虚假宣传条款的规制目的及规范射程受到影响。

从行为的效果来看,混淆行为与虚假宣传行为,存在重合的可能性,这无疑给当事人的检索请求权基础、提出合适的诉求以及援引恰当的法律依据造成了困难,也给司法裁判的统一带来了困难。为了保证法律适用的稳定与统一性,厘清混淆行为与虚假宣传行为的界限,是学界与实务界需要继续面对的课题。

《反不正当竞争法》第8条：虚假宣传行为

016

网络“刷量”的不正当竞争认定 / 李阁霞

深圳市腾讯计算机系统有限公司与杨某某、浙江淘宝网络有限公司不正当竞争纠纷案 / 浙江省杭州市余杭区人民法院民事判决书，(2020)浙0110 民初 6257 号

事实概要

深圳市腾讯计算机系统有限公司(原告，以下简称 X)运营“企鹅电竞”产品，在游戏直播领域具有较高知名度。杨某某(被告，以下简称 Y1)在浙江淘宝网络有限公司(被告，以下简称 Y2)运营的“淘宝网”平台开设店铺，提供针对“企鹅电竞”产品增加用户观看人气、增加用户虚假粉丝数量的服务。X 诉称，Y1 的“刷量”行为打破了企鹅电竞公平公正的主播人气推荐机制，破坏了企鹅电竞主播竞争的良好生态，损害了企鹅电竞及主播的合法权益。该行为使得购买该服务的主播产生虚假的用户观看时长，导致企鹅电竞额外支付了本不应当支付的费用，造成相应的经济损失。该行为还导致 X 服务器因为虚假访问而承载变高，不合理增加运营成本。因而，X 主张：Y1 店铺提供的刷人气、增粉的行为违反《反不正当竞争法》第 2 条、第 8 条、第 12 条，构成不正当竞争。Y2 若拒不提供 Y1 经营者信息及下架、删除相关商品及链接，应当承担连带责任。Y1 认可涉案行为的存在，但对“刷量”时长表示不认可。Y2 在诉讼过程中删除涉案商品链接，X 撤销对 Y2 的诉请。

判决要旨

浙江省杭州市余杭区人民法院判定，被告构成不正当竞争。

法院认为，主播通过虚假增加人气、增加关注度来虚构其直播服务的关注度，会使消费者误认为其直播服务质量较好，破坏了企鹅电竞直播平台的正常信息评价机制，扰乱了主播之间的正常市场竞争秩序，侵害了消费者的合法权益，构成虚假宣传的不正当竞争行为；Y1 通过技术手段帮助主播刷粉、刷人气的行为属于帮助其他经营者进行虚假宣传的不正当竞争行为。

评　析

一、判决思路和意义

本案判决的意义体现在以下两个方面：第一，对于网络"刷量"行为，法院明确其属于虚假宣传的不正当竞争，提供网络"刷量"服务的行为，构成《反不正当竞争法》第 8 条"帮助其他经营者进行虚假宣传"的不正当竞争行为。第二，对于原告同时主张多个法条救济的诉求，法院明确其属于请求权规范竞合，只能择其一进行评价，不宜重复评价。判决结果是对同类案件裁判思路的延续，体现了我国法院在裁判这类案件时相对趋同的价值导向。

二、相关规范及学理

2017 年《反不正当竞争法》第 8 条规定："经营者不得对其商品的性能、功能、质量、销售状况、用户评价、曾获荣誉等作虚假或者引人误解的商业宣传，欺骗、误导消费者。经营者不得通过组织虚假交易等方式，帮助其他经营者进行虚假或者引人误解的商业宣传。"学理上通常将该条规范的不正当竞争行为称为“虚假宣传”或“误导性宣传”。[1] 与修订前的《反不正当竞争法》第9条相比，第一，新法不再限定宣传方式是“利用广告或者其他方法”，意味着任何宣传方式都可以触及本条规定；第二，在宣传内容上，增加了对“销售状况”“用户评价”的虚假宣传，同时新增了第2款“组织虚假交易”的方式，主要是基于互联网业态下的“刷单”炒信现象；[2] 第三，删除第2款关于广告经营者发布虚假广告的情形，以免造成与《广告法》的交叉规定；第四，区分虚假宣传与引人误解的宣传，因为虽然虚假宣传的目的在于引人误解，但引人误解的宣传却并非都是虚假的，也有可能是“对商品作片面的宣传或者对比”或者“将科学上未定论的观点、现象等当作定论的事实用于商品宣传”。[3]

虚假宣传作为不正当竞争行为，早在《保护工业产权巴黎公约》中即有规定。该公约第10条之二第3款规定特别应予以禁止的行为包括“在经营商业中使用会使公众对商品的性质、制造方法、特点、用途或数量易于产生误解的表示或说法。”世界知识产权组织《关于不正当竞争保护的示范规定》第4条也明确规定，“凡在工商业活动中对企业或者其活动，尤其是该企业所提供的产品或服务，采取误导或有可能误导公众的行为或做法”，构成不正当竞争。应当注意的是，虽然2017年《反不正当竞争法》第8条区别了“虚假宣传”和“引人误解的宣传”，但仅有虚假宣传并不足以构成不正当竞争，还需要“欺骗、误导消费者”，正如2007年发布的最高人民法院《关于审理不正当竞争民事案件应用法律若干问题的解释》第8条第2款规定的：“以明显的夸张方式宣传商品，不足以造成相关公众误解的，不属于引人误

〔1〕 参见李明德：《知识产权法》（第2版），法律出版社2014年版，第312页；吴汉东：《知识产权法》，法律出版社2011年版，第364页；孔祥俊：《反不正当竞争法新原理：分论》，法律出版社2019年版，第231页。

〔2〕 参见孔祥俊：《反不正当竞争法新原理：分论》，法律出版社2019年版，第234页。

〔3〕 最高人民法院《关于审理不正当竞争民事案件应用法律若干问题的解释》第8条，2007年发布。

解的虚假宣传行为。”虚假宣传的对象是宣传者自己的商品，这有别于《反不正当竞争法》第11条的商业诋毁行为，后者针对的对象是竞争对手的商业信誉或商品声誉。本案被告通过技术手段，帮助原告直播平台的主播“刷人气”“增粉”，进行虚假宣传，损害了其他经营者利益，显然符合《反不正当竞争法》第8条第2款的规定，构成虚假宣传的不正当竞争行为。

鉴于本案被告进行虚假宣传行为采用了技术手段，所以原告在主张被告构成虚假宣传的同时，还主张被告违反《反不正当竞争法》第12条的规定，即利用技术手段，实施“妨碍、破坏其他经营者合法提供的网络产品或者服务正常运行的行为”。法院认为，就涉案行为侵犯的原告法益而言，系同一法益；就两个规范而言，应属于请求权规范竞合，只能择其一进行评价，被告实施的技术手段本身是服务于帮助虚假宣传的目的；从主客观相统一的角度，既已通过目的定性，则没有必要对其手段再单独评价。《反不正当竞争法》第12条一般被称为“互联网专条”，但并不是所有发生在互联网领域的竞争行为都用该条款进行规制。根据立法部门的意见，互联网领域的不正当竞争行为，有一部分属于传统不正当竞争行为在互联网领域的延伸，对此应适用本法其他相关规定进行规制。[1] 就逻辑上而言，立法增加“互联网专条”，主要是为了规制互联网领域特有的不正当竞争行为，对于传统不正当竞争行为，无论发生在线上还是线下，在法律适用上都不应有所差别。

三、以往司法实践

随着互联网业态的发展，网络“刷单”“刷流量”行为引发的不正当竞争案件频发，既有诉诸法院的，也有行政机关查处的。如被媒体称为“电商诉刷单平台第一案”的浙江淘宝网络有限公司、浙江天猫网络有限公司诉杭州

---

〔1〕 参见《全国人民代表大会法律委员会关于〈中华人民共和国反不正当竞争法（修订草案）〉修改情况的汇报》，2017年8月28日。

简世网络科技有限公司不正当竞争纠纷案中，法院认为，被告行为显然违反诚实信用原则和公认的商业道德，损害两原告的合法权益，扰乱社会经济秩序，依照《反不正当竞争法》第2条的规定，判决被告构成不正当竞争。[1] 在北京爱奇艺科技有限公司诉杭州飞益信息科技有限公司等不正当竞争纠纷案中，一审法院认为，飞益公司等被告在市场竞争中，分工合作，通过技术手段干扰、破坏爱奇艺网站的访问数据，违反公认的商业道德，损害爱奇艺公司以及消费者的合法权益，违反《反不正当竞争法》第2条的规定，构成不正当竞争。二审虽然也判决被告行为构成不正当竞争，但认为虚构视频点击量是相关经营者进行虚假宣传的一项内容，故该行为属于《反不正当竞争法》(修订前)第9条规制的"虚假宣传"的不正当竞争行为。在腾讯诉深圳微时空信息技术有限公司等刷机流量案[2]中，法院认为，真实、清洁、可靠的涉案数据，是原告运营微信软件获得用户流量和用户黏性的重要基础，是微信平台的核心价值所在。原告作为微信软件运营商，对真实、清洁、可靠的微信软件涉案数据所产生的衍生性商业价值，享有正当合法权益。该案被告不是原告平台的用户，但其为平台用户提供的刷机流量服务，干扰了平台生态秩序，损害了原告的竞争利益。被告行为构成《反不正当竞争法》第8条"帮助他人虚假宣传"不正当竞争行为，构成第12条第2款规制的"妨碍、破坏网络产品或者服务正常运行"的不正当竞争行为。2018年浙江工商局查处的金华吉森网络科技有限公司组织虚假交易案，涉案金额3.2亿元，罚款200万元，据称为2017年《反不正当竞争法》实施后，全国查处组织刷单炒信涉案金额最高的案件，执法依据亦为《反不正当竞争法》第8条第2款。刷单炒信行为甚至被上升到刑事制裁层面，如在李某某非法经营案中，李某某建立刷单炒信平台，吸纳淘宝卖家成为会员，组织及协助会员通过该平台

〔1〕 参见浙江省杭州市西湖区人民法院民事判决书，(2016)浙0106民初11140号。

〔2〕 参见广东省深圳市中级人民法院民事判决书，(2019)粤03民初594号。

发布或接受刷单炒信任务，法院认定其行为构成非法经营罪，判处有期徒刑5年6个月，并处罚金人民币90万元。[1]

四、判决的价值参考

本判决系网络“刷单”或“刷量”典型案件，判决结果也与类似案件一致，这样的判决结果有助于规范网络竞争生态，维护真实、公平、正当的互联网竞争秩序。这一判决也说明，对于“虚假宣传”这一类不正当竞争行为的判断应立足于行为本身，与该行为发生在线上还是线下，是运用传统的宣传手段还是专用于网络传播的技术手段无关。该判决在一定程度上厘清了“互联网专条”的适用范围，对于今后的司法裁判具有一定的参考意义。

---

〔1〕 参见浙江省杭州市余杭区人民法院刑事判决书，(2016)浙0110刑初726号。

《反不正当竞争法》第9条：侵犯商业秘密行为

017

技术秘密保密措施的认定 / 张浩然

济南思克测试技术有限公司与济南兰光机电技术有限公司侵害技术秘密纠纷案／最高人民法院民事判决书，(2020)最高法知民终538号

事实概要

济南思克测试技术有限公司(一审原告、二审上诉人，以下简称X)主张其研发了涉案GTR－7001气体透过率测试仪，并采取了一系列保密措施，构成商业秘密，济南兰光机电技术有限公司(一审被告、二审被上诉人，以下简称Y)通过诉讼保全程序查封并拆解GTR－7001型号测试仪，获取了内部技术信息进而应用于其产品，在市场上推出与X技术相同的智能测试仪，X遂向一审法院提起侵犯商业秘密的诉讼。一审法院认定，X的测试仪系公开销售的产品，流入市场后其承载技术可轻易为他人获取，故应认定X未采取合理保密措施，该技术信息不构成商业秘密，一审判决驳回X起诉。X提起上诉。

判决要旨

最高人民法院驳回上诉，维持原判。

最高人民法院审理认为，X并未采取“相应保密措施”。具体而言，X主张的涉案技术秘密载体为市场流通中的测试仪产品，因此：第一，X主张“对内保密措施”与此不具有相关性；第二，X主张其“对外保密措施”，即与其客户在购销合同中约定，设备转让并不意味着其客户取得任何设备知识产权，客户公司承担确保产品技术机密信息安全并不得向第三方提供的义务，但其并未限制客户对产品

进行处分转让，第三人获得后并不受该合同约束，故该约定不属于“相应保密措施”；第三，设备一旦售出后即为市场流通产品而脱离 X 控制，属于外部性载体，保密措施应能对抗不特定第三人通过反向工程获取其技术信息。本案中，保密标签等对第三人并不具有约束效力，他人直接拆解设备即可获得该技术信息，故不构成“相应保密措施”。

评 析

一、判决思路和意义

关于商业秘密的保密性要件，既有立法与司法解释仅作出原则性规定，其认定很大程度上根据个案判断。本案中，最高人民法院区分了商业秘密“内部性载体”与“外部性载体”的保密性要求。对“外部性载体”，产品一旦进入市场流通即失去生产者控制，其承载技术信息的作为商业秘密保护的前提是，“相应保密措施”应足以对抗不特定第三人反向工程获取其技术秘密，其实现方式至少包括该技术秘密在性质上不可通过反向工程获知以及所有者采取物理上的保密措施对抗他人反向工程两种。该解释无疑使商业秘密“相应保密措施”的内涵更加清晰和确定，但在国内外商业秘密立法实践中，反向工程一般作为商业秘密“正当使用”或保护例外而规定，而未将其纳入商业秘密构成要件，该解释是否合理，有待进一步商榷。

二、技术秘密保密措施认定的规范及学理

我国《反不正当竞争法》第 9 条将秘密性、价值性、保密性作为技术信息和营业信息商业秘密保护的法定要件，其中，秘密性与保密性要件存在紧密关联，秘密性要求信息不为公众所知悉，保密性即“相应保密措施”是保持、维护秘密性的手段。[1] 关于“保密措施”，2007 年最高人民法院《关于审理

〔1〕 参见孔祥俊主编：《商业秘密司法保护实务》，中国法制出版社 2012 年版，第 143 页。

不正当竞争民事案件应用法律若干问题的解释》第11条以及2020年最高人民法院《关于审理侵犯商业秘密民事案件适用法律若干问题的规定》(法释〔2020〕7号,以下简称《商业秘密司法解释》)第5条、第6条规定,人民法院应当根据所涉信息载体的特性、权利人保密的意愿、保密措施的可识别程度、他人通过正当方式获得的难易程度等因素,认定权利人是否已采取保密措施,权利人通过签订保密协议、限制接触、对秘密载体进行区分和管理等措施,在正常情况下足以防止商业秘密泄露的,人民法院应当认定权利人采取了相应保密措施。

理论上,权利人是否采取相应保密措施可考虑:(1)对所主张权利的信息对内、对外均采取了保密措施,或者制定了相应的保密制度抑或采取一定的物理防范措施,除非通过不正当手段,他人轻易不能获得该信息;(2)保密措施明确、具体地规定了信息的范围;(3)对所采取保密措施的形式、对象、范围等方面综合审查时,可以同一行业中公认的对某一类信息应采取的保密措施作为是否合理的参考标准;(4)采取的保密措施是适当的、合理的,不要求必须万无一失。〔1〕

关于反向工程,《商业秘密司法解释》第14条规定:"通过自行开发研制或者反向工程获得被诉侵权信息的,人民法院应当认定不属于反不正当竞争法第九条规定的侵犯商业秘密行为。"既有理论关于可反向工程信息能否作为商业秘密保护,主要围绕秘密性展开。有学者认为,凡是反向工程可以破译的信息,即不具备秘密性,而无法作为商业秘密保护;反对观点认为,反向工程仅是定性概念,是否可作为商业秘密保护还应当进行定量分析,考虑反向工程技术困难程度、资金、时间耗费程度,仅当容易反向取得时,信息不具有保密性和秘密性,对不易反向的信息则并不失去其秘密性而可作为商

〔1〕 参见郑友德、钱向阳:《论我国商业秘密保护专门法的制定》,载《电子知识产权》2018年第10期。

业秘密保护。[1] 既有讨论逻辑在于，公开销售可进行反向工程的产品，可能因缺乏有效保密措施而失去其秘密性，由于保密性是保持、维护秘密性的手段，依此观点，如果反向工程并不当然导致其失去秘密性，有效保密措施也并不以完全排除反向工程为必要。

此外，即使技术信息可以通过公开销售产品确定，也并不当然意味着其无法获得商业秘密保护，权利人可以通过施加保密措施维持其秘密性。除了本案法院所确定的物理措施之外，权利人还可以通过法律措施限制反向工程实施。根据《商业秘密司法解释》第 14 条规定，反向工程以从公开渠道取得产品为前提，且要求自行进行拆解、测绘、分析获得。理论上，反向工程合法还要求实施人不具备保密义务，[2] 即权利人可以限制产品在市场流通并为产品持有人设定保密义务，最典型为“黑箱封闭”条款，即权利人仅提供产品出租并禁止承租人实施反向工程。在本案中，X 与其客户明确约定，客户公司应确保其设备技术秘密安全并不得向第三方提供，即其客户对其负有保密义务，但双方并未明确该设备能否向第三方转让。最高人民法院认定该协议并不能限制设备向第三方转让，而该保密协议对第三方不发生效力，故 X 未采取“相应保密措施”。但如果合同明确约定或可推定设备不得转让，应当存在不同结论。

三、以往司法实践

就“外部性载体”承载的信息能够通过反向工程获得的情形，以往司法实践一般通过秘密性即“不为公众所知悉”要件加以认定。进入市场销售的产品，如果竞争者通过观察产品本身或简单反向工程能够获得其技术信息的，法院一般认为缺乏有效保密措施，而导致该信息“为公众所知悉”。如黑

〔1〕 参见张玉瑞：《商业秘密法学》，中国法制出版社 1999 年版，第 510 页。

〔2〕 参见胡开忠：《反向工程的合法性及实施条件》，载《法学研究》2010 年第 2 期。

龙江省高级人民法院在(2008)黑知终字第35号民事判决书中认定："哈量集团的量仪产品作为通过公开渠道销售的产品，所涉技术信息范围的人通过观察产品本身和反向工程等方法，完全可以获得有关的技术信息，其技术本身并不具备可保密的特性，是能够通过合法途径为公众所知悉的。"上海市高级人民法院在(2003)沪高民三(知)终字第2号民事判决书中认定，虽然涉案技术信息在产品上市销售之前具有秘密性、价值性、保密性而可作为商业秘密保护，但"由于活动极芯架永磁吸盘产品的结构相对简单，只要能够打开吸盘的台面板，涉及该活动极芯架永磁吸盘技术信息的其他生产永磁吸盘产品厂家的技术人员就'容易获得'该技术信息……故一旦上诉人伟求公司将其活动极芯架永磁吸盘产品上市销售，其活动极芯架永磁吸盘技术信息就不再成为商业秘密。"江苏省镇江市中级人民法院在(2009)镇民三初字第70号民事判决书中认为："原告的涉案平板天线图纸仅涉及产品的尺寸，结构的简单组合等内容，相同产品早在2009年4月之前已进入市场，通过反向工程等方式可以轻易获得。因此可以认定该涉案图纸不构成不为公众所知悉，即不具有构成商业秘密三要件之一的秘密性。"

同时，有法院认定，在具有反向工程可能性但不能被轻易获取的情况下，技术信息具有秘密性而可作为商业秘密保护。例如，2020年12月29日江苏省高级人民法院通过的《侵犯商业秘密民事纠纷案件审理指南(修订版)》第3.6.2条规定："反向工程产生两个法律效果：一是被告不构成侵权；二是反向工程并不意味着该商业秘密丧失秘密性。"上海市第一中级人民法院在(2011)沪一中刑终字第552号民事判决书中认定："被害单位米开罗那公司……的技术信息……虽然不排除通过反向工程获取技术信息的可能，但由于价值上百万的大型设备，购买厂家是用来作为生产工具的，一般不可能允许他人拆卸进行反向工程，信息不可能被轻易获取……因此，法院确认被害单位涉案部件的技术图纸所标明的众多技术信息的组合符合商业秘密非公知性的要求。”

四、判决的价值参考

本案中,最高人民法院力图以反向工程可能性来界定“相应保密措施”的内涵,提升法律适用的确定性和可预期性。就个案而言,涉案测试仪流向市场后,本领域技术人员可以通过对产品的拆解、观察获悉其内部技术信息,可以判定 X 未采取“相应保密措施”,进而导致该技术信息“为公众所知悉”。但直接由此提炼一般规则,认定保密措施“应能对抗不特定第三人通过反向工程获取其技术秘密”,则有待商榷。除本案中容易反向工程获得情形之外,还包括投资高昂、耗费时间等反向工程难度较大的情形,当事人采取一定措施即足以防止商业秘密“为公众所知悉”,而不必完全排除他人反向工程可能性。故能否将反向工程可能性作为商业秘密保护判断标准,未来应作进一步澄清。

018

合作生成商业秘密的归属认定 / 张浩然

杭州车厘子智能科技有限公司与北京恒誉新能源汽车租赁有限公司等不正当竞争纠纷案 / 北京知识产权法院民事判决书，(2020)京73民终1598号

事实概要

杭州车厘子智能科技有限公司(一审原告、二审上诉人，以下简称X)与北京恒誉新能源汽车租赁有限公司(一审被告、二审被上诉人，以下简称Y)签订《软件系统租用协议》，Y租用X"车纷享"租赁软件系统平台，从事车辆租赁服务，租赁期间为2014年9月26日至2017年9月25日。其间，Y使用X的收费系统收取客户支付的租金等费用，所有运营收入归Y所有，与各自业务相关的数据应在X服务器或者数据库中留存，Y随时有权查阅和调取X保存并记录的Y运营收入及与相应运营管理费用相关的资料及数据。Y与X租赁合同到期后，使用北京轻享科技有限公司运营的"绿狗租车"平台，利用会员数据向用户发送短信告知可申请退款和平台转换。但由于双方未对会员数据归属作出明确约定而产生纠纷，X主张其后台"恒誉智能租车管理系统"内保存的104,551个会员数据构成商业秘密，Y对会员数据的使用构成不正当获取、使用和披露商业秘密。北京市西城区人民法院(2019)京0102民初33310号民事判决认定涉案信息构成X的商业秘密，但不构成不正当获取行为。X向北京知识产权法院(以下简称二审法院)提起上诉。

判决要旨

二审法院驳回上诉，维持原判。

二审法院认为，本案诉争会员数据不能从公开渠道获知，属于不为公众所知悉的信息；且在相关商业竞争中取得优势地位和获得更多交易机会有着重要意义，具有商业价值；X亦采取了相应的保密措施，可以防止涉密信息的泄露，符合保密性条件的要求，故构成商业秘密。虽然双方并未对用户数据使用作明确约定，但基于双方租用协议，X向Y开放会员资源，Y作为车辆租赁服务提供方，其使用会员数据系基于履行合同的需要，因此不构成对于X商业秘密的不当获取、使用和公开行为。因此，X上诉理由不能成立。

评　析

一、判决思路和意义

针对实践中大数据归属和保护而产生的法律纠纷，X主张其存储的用户数据构成商业秘密并归其所有，被告Y对用户数据的使用构成侵犯商业秘密。首先，二审法院支持了一审法院观点，认定用户数据集合具有秘密性、价值性和保密性而可作为商业秘密保护；但本案特殊之处在于，涉案用户数据实际由原告X和被告Y共同收集产生，即Y提供租车服务，X提供软件系统管理，生成数据存储于X数据库之中，Y有随时获取相关数据的权利，在双方未明确约定的情况下如何认定商业秘密归属的问题，二审法院认为，存储数据并采取保密措施的实际控制者X是商业秘密的“权利人”，但Y作为车辆租赁服务提供方，使用会员数据属于继续履行合同需要而不构成不正当使用。该案明确了对大数据集合可以通过商业秘密提供保护，在大数据一般由多方合作共同生成的背景下，为确定商业秘密归属明确了裁判规则，在现行《反不正当竞争法》及其司法解释就商业秘密“权利人”认定规则不明确的背景下，具有重要参考意义。

二、合作生成商业秘密归属认定的规范及学理

关于商业秘密归属主体的确定规则，现行立法并无直接规定。《反不正当竞争法》第9条以及《民法典》第123条仅规定商业秘密归属于“权利人”，但未对此作进一步界定。2007年最高人民法院《关于审理不正当竞争民事案件应用法律若干问题的解释》（法释〔2007〕2号，以下简称《不正当竞争司法解释》）以及2020年最高人民法院《关于审理侵犯商业秘密民事案件适用法律若干问题的规定》（法释〔2020〕7号，以下简称《商业秘密司法解释》）对此也未作解释。

在民事立法中，1999年《合同法》以及《民法典》“技术合同”一章明确了技术合同履行中技术秘密的归属规则。《民法典》第861条规定，对合作开发技术成果，在未明确约定时，对合作开发技术秘密“当事人均有使用和转让的权利”。但能否将其作为认定商业秘密归属的依据，存在两点疑问：第一，由于“技术合同”具有相对性，该规定仅产生合同一方当事人对另一方的请求权，或作为反不正当竞争法上确定“权利人”即商业秘密归属的依据；第二，该规定仅涉及技术信息而不包括营业信息，能否类推适用作为营业秘密归属的确定依据。有观点认为，除合同法相关规定外，在著作权法以及专利法上，创作作品的作者是著作权人，申请发明的权利属于发明人或设计人，而合作完成的发明创造、作品由合作者共同享有，参考著作权法、专利法以及技术合同法精神，商业秘密应归属于研究或开发者，共同开发完成的商业秘密，除当事人另有约定外，属于共同开发的当事人共有。[1]

除民事立法外，《刑法》第219条侵犯商业秘密罪中规定：“本条所称权利人，是指商业秘密的所有人和经商业秘密所有人许可的商业秘密使用人。”1995年国家工商行政管理局《关于禁止侵犯商业秘密行为的若干规

---

〔1〕 参见戴永盛：《商业秘密法比较研究》，华东师范大学出版社2005年版，第85页。

定》(以下简称《商业秘密保护规定》)也规定:“本规定所称权利人,是指依法对商业秘密享有所有权或者使用权的公民、法人或者其它组织。”该解释似乎采取了类似专利法或著作权法中的发明人或作者原则,商业秘密的“权利人”包括“对商业秘密享有所有权”的人,即技术信息的发明者或经营信息的收集者,以及“使用权”即经所有者授权合法使用商业秘密的人。其虽然未明确合作开发成果归属,但依据该逻辑,共同开发商业秘密应属于当事人共有。2020 年 9 月,国家市场监督管理总局公开的《商业秘密保护规定(征求意见稿)》第 9 条作出了类似规定,第 10 条进一步阐明了该逻辑下合作开发成果的归属界定规则,即当事人未明确约定时,受委托开发商业秘密归属于受托人,合作开发商业秘密由合作者共同享有。该征求意见稿实际吸收了技术合同的商业秘密归属规则。

我国作为《巴黎公约》和《与贸易有关的知识产权协定》的成员而受其规定约束,关于《反不正当竞争法》商业秘密“权利人”的解释也与国际条约相一致。在《与贸易有关的知识产权协定》中,第 39 条将商业秘密的归属主体界定为“信息的合法控制人”(the person lawfully in control of the information),规定“自然人和法人应有可能防止其合法控制的信息在未经其同意的情况下以违反诚实商业行为的方式向他人披露,或被他人取得或使用”,但未进一步解释“信息的合法控制人”的内涵。除此之外,相关国际组织示范法以及比较法实践可以作为解释该概念的参考。1996 年世界知识产权组织《反不正当竞争保护示范规定》第 6 条类似地规定了商业秘密归属于“信息的合法控制人”(the person lawfully in control of that information)即合法持有人(the rightful holder),该条注释将“合法持有人”定义为“合法控制该信息的自然人和法人”。在比较法中,2016 年欧盟《商业秘密指令》以及 2019 年德国《商业秘密法》直接采用了《与贸易有关的知识产权协定》的规定,规定商业秘密归属于“商业秘密持有人”(trade secret holder),即任何合法控制商业秘密的自然人或法人。德国学者认为，与著作权或专利保护不同，商业秘密保护并非基于个人独创性表达或创造性发明，而是基于其经济价值和保密措施，故商业秘密归属与其是否是商业秘密的发明人，并不存在必然关联（例如，某一设备由第三人研发，但这并不妨碍设备所有者保有该秘密信息而成为商业秘密的所有人），而是取决于他人对秘密信息的合法控制，[1]某人必须在事实上或者法律上能够决定、限制或排除他人对该信息的访问，[2]包括对设备载体的直接或间接占有，以及技术控制措施等。数字环境下，多方参与生成数据时，其作为商业秘密的归属界定成为难题，依据此解释，合作研发或生成的商业秘密成果归属，将取决于其是否直接或间接地对秘密信息加以控制。例如，在票务系统案（Ticketsysteme）中，奥地利最高法院即明确了此观点，其认为存储于原告数据库中的数据虽然来自其用户，但原告为数据管理提供了基础设施，该数据实际处于原告的处分之下，原告对其保密性具有经济利益，因此原告独立于其客户是服务器上存储秘密数据的所有者。[3] 在我国，有学者认为，商业秘密仅仅是一种防御性权利，其权利边界必须依靠保密措施，来界定无法类比专利、著作权而事先授予开发者确定的排他权，故应当以“控制者”标准界定权利人。[4]

综上所述，关于商业秘密“权利人”的认定，主要存在两种观点：第一，发明人或开发者原则，即商业秘密归开发者以及开发者授权的使用者所有，合作开发约定不明的，归合作开发者共有；第二，控制者原则，商业秘密与其开

---

〔1〕 Köhler, Bornkamm, Feddersen, Alexander, UWG, Aufl39 (2021), GeschGehG § 2 Rn. S, 97, 108.

〔2〕 Baranowski, Glaßl, Anforderungen an den Geheimnisschutz nach der neuen EU-Richtlinie, BB (2016), S. 2563; Alexander, Gegenstand, Inhalt und Umfang des Schutzes von Geschäftsgeheimnissen nach der Richtlinie (EU) 2016/943, WRP(2017), S. 1034.

〔3〕 OGH 25. 10. 2016, 4 Ob 165/16t-Ticketsysteme-MR 2016, 337.

〔4〕 参见郑友德、钱向阳：《论我国商业秘密保护专门法的制定》，载《电子知识产权》2018年第10期。

发者并不存在必然关联,归其实际控制者所有。从本案判决来看,二审法院虽并未就其裁判裁判标准作详细探讨,其直接认定X是本案商业秘密的权利人,其实际采纳了第二种控制者原则。

三、以往司法实践

关于商业秘密权利主体认定,如前所述,《不正当竞争司法解释》以及《商业秘密司法解释》均未作出明确规定和统一标准,在此前的地方司法实践中则存在不同立场。例如,吉林省高级人民法院知识产权审判庭认为,"商业秘密的权利主体非常广泛,可以讲通过合法手段获取了商业秘密并合法控制它的人都是商业秘密的主体。原告在诉讼中,必须证明其是诉争的商业秘密的合法主体,既可以是自己开发形成的也可以是继受获得的。"[1]即该院采用的是控制者标准。在早期北京市第一中级人民法院的实践中,则采用开发者原则,如在一案例中,被告一原为原告单位软件开发人员,后跳槽到被告二公司开发同类软件,一审法院认定两被告共同侵犯原告商业秘密,北京市第一中级人民法院审查认为,被告一在原单位工作之前,曾在案外人公司开发同类软件,其软件开发成功时间早于原告,因此原告主张的商业秘密权利归属存在另外可能,故裁定发回重审。[2]

最高人民法院在从兴技术有限公司与亚信科技(中国)有限公司等侵害商业秘密二审案[3]中则采纳了开发者原则,在该案中,从兴公司向广东移动提供软件开发服务,合同终止后就软件源程序涉及的商业秘密产生争议。最高人民法院认为,"在合同双方当事人就开发软件源程序所负载的技术信

---

[1] 吉林省高级人民法院知识产权审判庭:《关于商业秘密司法保护的几点意见》,载孔祥俊主编:《商业秘密司法保护实务》,中国法制出版社2012年版,第334页。

[2] 参见北京市第一中级人民法院知识产权审判庭:《侵犯商业秘密纠纷案件审判综述》,载孔祥俊主编:《商业秘密司法保护实务》,中国法制出版社2012年版,第297页。

[3] 参见最高人民法院民事判决书,(2019)京民终231号。

息无权利归属约定时，该技术信息应属于实际付出劳动创造该信息的软件开发方"，对双方约定软件著作权共有部分，在商业秘密与著作权保护客体同一的情况下，对于著作权归属的约定理应视为对技术信息归属的约定，双方对商业秘密共有。2020年12月29日，江苏省高级人民法院通过的《侵犯商业秘密民事纠纷案件审理指南（修订版）》更明确地提出开发者为商业秘密的所有人，其第1.4条规定："权利人是技术秘密和经营秘密的开发者，或者受让人、继承人、权利义务的继承者等。"

四、判决的价值参考

本案中，二审法院明确了大数据可以通过商业秘密保护，但面临多方合作生成数据归属难以确定的问题，法院采纳了控制者原则，认定实际控制信息并采取保密措施一方为商业秘密的"权利人"。虽然其表面上与目前著作权法、专利法以及最高人民法院司法实践逻辑不尽一致，但商业秘密与著作权、专利权保护的不同在于，其并非基于个人独创性表达或创造性发明的排他性归属，而是基于秘密信息经济价值和保密措施维护而产生的一种防御性权利，其权利内容、归属均应以事实控制为前提，如果以开发者界定其归属，则无法公示其权利主体和边界，因此该解释更值得赞同。我国反不正当竞争法对商业秘密主体并未采用《与贸易有关的知识产权协定》"控制人"概念，而是采取了"权利人"的表述。

019

商业秘密使用行为的认定 / 张浩然

上海天祥·健台制药机械有限公司与上海东富龙科技股份有限公司等侵害商业秘密纠纷案/上海知识产权法院民事判决书,(2016)沪73民初808号;上海市高级人民法院民事判决书,(2019)沪民终129号

事实概要

上海天祥·健台制药机械有限公司(一审原告、二审上诉人,以下简称X)拥有商业秘密——蜗轮蜗杆设计图中各技术参数的组合,其员工应某、沈某、周某离职后,加入上海东富龙科技股份有限公司(一审被告、二审上诉人,以下简称Y1),Y1此后研制出含有相同蜗轮蜗杆的旋转式压片机。随后,X、Y1参加广州白云山明兴制药有限公司(一审被告、二审被上诉人,以下简称Y2)购买旋转式压片机项目的招投标,Y1中标后向Y2销售其旋转式压片机。X因此向法院提起诉讼,主张Y1、Y2等侵犯其商业秘密。

判决要旨

一审法院认为,X技术信息构成商业秘密,应某、沈某、周某及Y1不正当披露、使用其商业秘密构成不正当竞争;但Y2行为不构成商业秘密的使用行为,从而不构成不正当竞争,因为"《反不正当竞争法》第9条所规定的'使用'应当指直接使用商业秘密内容本身,而不包括使用商业秘密生产制造的侵权产品生产销售后,其他销售商后续销售以及购买者使用的行为。生产商以外的其他销售商销售侵害商业秘密产品的行为不属于擅自使用他人的商业秘密的行为,而是在客观上构成对使用商业秘密行为的帮助。即正是基于

后续的销售行为才促成使用商业秘密损害后果的发生。因此只有在销售商明知其销售的系侵害商业秘密的产品而仍然予以销售的情况下，才可能承担帮助侵权的民事责任；经营者购买侵害商业秘密产品进行使用的行为，由于此时侵权产品已经退出市场流通，并不涉及与其他市场主体进行市场竞争的问题，不论侵权产品使用人主观上是否知道该产品涉嫌侵权，均不属于反不正当竞争法调整的范畴”。X 不服一审判决提起上诉。

二审法院驳回上诉，维持原判。

评 析

一、判决思路和意义

《反不正当竞争法》规定竞争者不得“使用”他人以不正当手段获取的商业秘密，但就“使用”内涵却未作界定，其是否仅包括直接将商业秘密用于研发生产，还是也包括利用商业秘密生成产品的销售、使用行为，目前尚不明确。法院在本案中认为，《反不正当竞争法》第 9 条规定的“使用”应当指直接使用商业秘密内容本身，而不包括使用商业秘密生产制造的侵权产品生产销售后，其他销售商后续销售以及购买者使用的行为。表明了上海知识产权法院、上海市高级人民法院就此问题的司法立场。

二、商业秘密停止侵害时间判定的规范及学理

我国《反不正当竞争法》第 9 条规定，经营者不得以不正当手段获取、使用、公开权利的商业秘密，但对何为“使用”反法并未直接界定。2007 年最高人民法院《关于审理不正当竞争民事案件应用法律若干问题的解释》（法释〔2007〕2 号，以下简称《不正当竞争司法解释》）也未就此作解释。2020 年最高人民法院《关于审理侵犯商业秘密民事案件适用法律若干问题的规定》（法释〔2020〕7 号，以下简称《商业秘密司法解释》）第 9 条规定：“被诉侵权人在生产经营活动中直接使用商业秘密，或者对商业秘密进行修改、改进后使用，或者根据商业秘密调整、优化、改进有关生产经营活动的，人民法院应当认定属于反不正当竞争法第九条所称的使用商业秘密。”该规定明确了商业秘密使用的客体，不仅包括商业秘密原来的形式，而且包括经营者以此为基础开发和改进后的技术或经营信息，但就“使用”形式却仍然未臻明确。具体而言，本案技术秘密与专利法保护的技术方案具有相似性，《专利法》规定，他人未经许可不得制造、使用、许诺销售、销售、进口专利产品或者使用专利方法以及使用、许诺销售、销售、进口依照该专利方法直接获得的产品。按照对“使用”的通常理解，其首先应当包括直接利用该技术信息进行产品研发、产品制造，但能否类似于专利法而延及使用商业秘密产生的侵权产品的后续使用、许诺销售、销售、进口行为，仅依据现有立法文本尚不明确。在部门规章层面，1995 年国家工商行政管理局出台了《关于禁止侵犯商业秘密行为的若干规定》，也未就此作出规定。2018 年国家机构合并后，国家市场监督管理总局拟重新制定商业秘密保护部门规章，2020 年 9 月公开的《商业秘密保护规定（征求意见稿）》（以下简称《征求意见稿》）第 13 条第 3 款规定：“本条所称‘使用’，是指将权利人的商业秘密应用于产品设计、产品制造、市场营销及其改进工作、研究分析等。”据此规定，其应当仅包括直接使用技术秘密的产品设计和制造行为，而不包括对侵权产品的后续利用。

在国际条约层面，《与贸易有关的知识产权协定》第 39 条第 2 款也仅规定了禁止未经控制者同意不正当获取、使用、公开未披露信息的行为，对何为“使用”并未进一步界定。1996 年世界知识产权组织《反不正当竞争保护示范规定》将“使用”解释为“秘密信息‘使用’通常是利用，如取得者将其运用于生产活动之中，也可以以其他方式支持企业的生产或经营活动”。可见，该示范法对其他方式应当如何界定仍未明确。

在比较法中，欧盟 2016 年的《商业秘密指令》（以下简称《指令》）第 4 条规定，禁止违反获取、使用和公开商业秘密；学理上认为，“使用”应当是指公开之外的任何利用行为，应当包括任何商业利用交易。[1] 该条第5项专门规定了未直接获取商业秘密而仅涉及侵权产品的情形，即当行为人知道或应当知道存在违法获得、使用商业秘密的情形，“直接生产、提供或将侵权产品投放市场，或为了实现这种目而实施的进口、出口或储存侵权产品”，也被视为违法使用商业秘密的行为。类似地，日本《不正当竞争防止法》第2条第1款第10项也将他人明知或应知是侵犯商业而制造的产品，而进行转让、移转、展示、进口、出口以及通过信息网络提供的行为视为“非法使用”行为，权利人可以要求禁止与侵权产品相关行为而进行救济。从欧盟及日本立法来看，均将尚在生产流通渠道的侵权产品销售、展示、进出口等行为作为商业秘密的“使用”，但对于他人购买后使用侵权产品的行为未纳入规制范畴。在美国法上，《反不正当竞争法重述》第40节评论对“使用”的含义进行了极为宽泛的解释：“……(b)条规定的商业秘密‘使用’行为，性质上没有任何限制。一般而言，任何利用商业秘密而可能对商业秘密所有者造成损害的，或使行为人不当得利的，均属本节规定的‘使用’。因而销售体现商业秘密的产品，使用商业秘密进行生产或制造，依靠商业秘密支持或加速研究与开发，或者使用商业秘密的信息招徕他人客户，这些均构成使用。”判例法中也对此进行了广泛的适用，其不仅仅包括利用商业秘密进行研发制造产品的直接使用行为，还应当包括销售、许诺销售、使用侵权产品等间接使用。[2]

在我国理论探讨中，有学者认为，应当将生产、进出口、销售侵权产品的行为作为商业秘密侵权行为。[3] 也有学者倾向于对“使用”作出宽泛解释，

[1] Köhler/Bornkamm/Feddersen/Alexander, 39. Aufl. 2021, GeschGehG § 4 Rn. 38.

[2] University Computing Company v. Lykes-Youngstown Corporation, 504 F. 2d 518 (5th Cir. 1974); Metallurgical Industries Inc. v. Fourtek, Inc., 790 F. 2d 1195 (5th Cir. 1986).

[3] 参见郑友德、钱向阳：《论我国商业秘密保护专门法的制定》，载《电子知识产权》2018年第10期。

即一般而言,任何利用商业秘密而可能对商业秘密所有者造成损害的,或使用行为人不当得利的,均属“使用”。[1] 依此观点,“使用”则不仅包括直接利用商业秘密信息的直接利用行为,还包括销售、许诺销售、使用侵权产品等间接利用行为。

三、以往司法实践

在本案中,法院倾向于“使用”行为仅包括直接使用。关于商业秘密使用行为的界定,最高人民法院在四维企业股份有限公司与艾利丹尼森公司等侵犯商业秘密纠纷管辖权异议案中作出了较为狭义的阐释:“根据反不正当竞争法第十条的规定,销售侵犯商业秘密所制造的侵权产品并不属于该法所列明的侵犯商业秘密的行为……使用商业秘密的过程,通常是制造侵权产品的过程,当侵权产品制造完成时,使用商业秘密的侵权结果即同时发生,不宜将该侵权产品的销售地视为使用商业秘密的侵权结果发生地……”[2] 据此,商业秘密使用行为一般仅包括研发制造行为,而不包括制造完成后的销售、许诺销售、使用侵权产品等行为。

但司法实践中也存在不同观点。例如,陕西省高级人民法院在烟台瑜纲电缆材料有限公司等侵犯商业秘密罪案中认为,“瑜纲公司应当知道所购分切机系华某、沈某非法披露、使用了秦邦公司的技术信息而生产的设备,是秦邦公司商业秘密的载体,而使用该分切机及商业秘密,造成特别严重的损失后果,应当以侵犯商业秘密罪论”;陕西省高级人民法院进一步指出瑜纲公司的使用行为造成了商业秘密权利人的实际损失:“秦邦公司研制分切机的目的不是出售设备,而是利用该设备提高分切的复合带的质量,进而通

〔1〕 参见张玉瑞:《商业秘密法学》,中国法制出版社1999年版,第510页;孔祥俊主编:《商业秘密司法保护实务》,中国法制出版社2012年版,第160页。

〔2〕 参见最高人民法院民事裁定书,(2007)民三终字第10号。

过销售高质量的分切复合带赢得竞争优势。同样，瑜纲公司购买分切机的目的也是为了使用该分切机生产复合带，提高产品质量，增加市场份额，瑜纲公司使用分切机的过程就是侵犯秦邦公司商业秘密的过程，故给秦邦公司造成的损失并非这台分切机的价值，而是秦邦公司被侵权后市场竞争力的下降和市场份额的减少，应当以侵权分切机生产的产品作为认定损失的基础。"[1]

四、判决的价值参考

在本案中，就反不正当竞争法中模糊的"使用"行为，上海知识产权法院和上海市高级人民法院作出了解释，坚持了最高人民法院在此前判决中的立场。但将"使用"仅限定在利用他人商业秘密进行产品研发和制造的直接使用行为，其合理性有待商榷。笔者认为，对明知或应知他人侵犯商业秘密，仍然销售、许诺销售、进口、出口侵权产品的，无疑会对商业秘密权利人利益产生损害，不对其进行规制会大大提升商业秘密权利人的维权难度，因而应当纳入规制范畴。同时，对第三人购买侵权产品进行使用的行为，此时侵权产品已经退出市场流通，并不必然会对权利人造成损害，是否将其纳入"使用"行为，或根据其是否产生损害作灵活判断，未来可作进一步探讨。

---

〔1〕 陕西省高级人民法院刑事附带民事裁定书，(2013)陕刑二终字第00117号。

020

商业秘密停止侵害的期限判定 / 张浩然

山东新凯越电炉有限公司与冯某某侵害商业秘密纠纷案 / 山东省临沂市河东区人民法院民事判决书，(2020)鲁1312民初645号

事实概要

山东新凯越电炉有限公司（原告，以下简称X）从事生产销售电炉业务，冯某某（被告，以下简称Y）是原告雇用的员工，双方签订保密协议约定，对因执行本职工作获取任何技术和经营信息，Y不得在本职工作外使用以及披露、允许第三人使用。Y自X公司离职后，从事出售电炉及维修服务，与X原多名客户产生业务往来。X主张其客户资料构成商业秘密，而Y利用其客户资料的行为构成侵犯商业秘密，因此向法院提起诉讼，要求Y停止侵权。

判决要旨

一审法院审理认为，X客户资料构成商业秘密，Y在原告处工作获取该信息，并违反保密协议利用该信息，构成侵害X的商业秘密，X停止侵害的诉讼请求符合法律规定应予支持，但因商业经营信息随着市场变化而变化，客户名单作为商业秘密的价值也存在一定期限，永久禁止被告使用也违反市场竞争规律，故确定Y停止使用该客户信息的期限为2年。

评　析

一、判决思路和意义

本案中，在认定涉案客户资料构成商业秘密，Y行为构成不正当使用商业秘密的前提下，法院支持了X停止侵害

的诉讼请求。但与著作权、专利权保护不同，商业秘密保护并不存在法定期限限制，而是取决于其是否具有秘密性或为公众所知悉。我国《反不正当竞争法》对侵害商业秘密并未设定特殊责任规则，而是适用一般的民事责任规定，是否要永久停止侵害或适用其他规则尚存在疑问。对于客户名单等营业信息而言，其因保密具有的价值具有时效性、且竞争者在一定时间内也能获得，不加限制地禁止他人利用该信息，可能会导致利益失衡和限制竞争。法院在本案中明确“因商业经营信息随着市场变化而发生变化，客户名单作为商业秘密的价值也存在一定的期限”，而主动判定停止侵害期限为2年，对经营信息商业秘密停止侵权期限的判定具有参考意义。

二、商业秘密停止侵害时间判定的规范及学理

关于商业秘密侵权责任承担，《反不正当竞争法》未作出特殊规定，而是概括性规定“给他人造成损害的，应当依法承担民事责任”。《民法典》第179条规定了停止侵害、赔偿损失在内的多种责任形式，实践中主要为停止侵害和赔偿损失。关于停止侵害的适用，2007年最高人民法院《关于审理不正当竞争民事案件应用法律若干问题的解释》（法释〔2007〕2号，以下简称《不正当竞争司法解释》）第16条规定：“人民法院对于侵犯商业秘密行为判决停止侵害的民事责任时，停止侵害的时间一般持续到该项商业秘密已为公众知悉时为止。依据前款规定判决停止侵害的时间如果明显不合理的，可以在依法保护权利人该项商业秘密竞争优势的情况下，判决侵权人在一定期限或者范围内停止使用该项商业秘密。”2020年最高人民法院《关于审理侵犯商业秘密民事案件适用法律若干问题的规定》（法释〔2020〕7号，以下简称《商业秘密司法解释》）第17条也作出了同样的规定。根据起草说明，《不正当竞争司法解释》第16条第2款的本意是：“商业秘密自身获得的难度大小不同，如果一项商业秘密比较简单，本领域的相关人员在一定时间内就能获得,或者此商业秘密仅在一定范围内有竞争优势,超出这个范围对原告就不会构成威胁,法院往往只在保留原告竞争优势的情况下,判决侵权人在一定期限或者范围内禁止使用。因此,在对侵犯商业秘密行为适用停止侵权的民事责任时,允许法院针对商业秘密的不同情况,合理确定停止侵害的时间等,以便平衡商业秘密权利人和社会公众之间的利益。"〔1〕

因此,作为一般规则,对已经被公开的技术信息和经营信息不适用停止侵权;对未被公开的商业秘密则应判定停止侵害至其为公众所知悉为止。但作为例外情形,司法解释对于如何认定判决停止侵害的时间"明显不合理"以及如何"保留原告竞争优势"并未明确。有观点认为,当事人之间就保密期限存在约定的,司法裁判应当以约定期限为依据判定停止侵害期限,当事人之间不存在约定的,则应区分情况处理:对技术秘密,由于确定期限在操作上比较困难,一般不附加期限或直接判令至公众知悉为止;对于简单的商业秘密,如客户名单和财务等经营信息,可以根据商业秘密本身的竞争优势或者劳动付出,判决 1 年至 3 年内不得使用。〔2〕

在比较法中,美国判例法对商业秘密禁令的适用存在不同立场:(1)禁止使用原则(shellmar rule),从维护商业道德出发,被告一旦侵权,无论此后商业秘密信息是否被公开,被告均不得使用该信息;(2)允许使用原则(conmar rule),该原则受商业秘密财产权理论影响,商业秘密公开之前,应禁止被告使用该信息,但为了避免将被告置于不利地位而维护公平竞争,商业秘密被公开披露后,被告则可同其他公众一样自由使用;(3)扣除"领先时间"原则(wiston rule),法院可根据竞争者独立开发或反向工程获得商业秘密的时间,确认相应时间段内,无论商业秘密是否被公开,被告均不得使用

---

〔1〕 蒋志培、孔祥俊、王永昌:《〈关于审理不正当竞争民事案件应用法律若干问题的解释〉的理解与适用》,载《法律适用》2007 年第 3 期。

〔2〕 参见孔祥俊主编:《商业秘密司法保护实务》,中国法制出版社 2012 年版,第 150 页。

相关信息。扣除“领先时间”原则弥补了前两种原则的缺陷，既未将被告在此后市场竞争中置于过度不利地位，又避免被告因侵权行为不当获利，因此被《统一商业秘密法》《反不正当竞争法重述》所采纳，在大多数采纳《统一商业秘密法》的州进行适用，但仍然有少数依据《侵权法重述》的州采用禁止使用原则。[1] 2016年联邦统一的《保护商业秘密法案》对此未作明确规定，而仅要求禁令条款是“合理的”（reasonable），故各州可能将继续坚持既有立场。

2016年，欧盟通过了统一的《商业秘密指令》（以下简称《指令》），其第12条第1款第a项、第b项规定，商业秘密持有人可申请禁令停止侵权行为。第13条第2款规定，当涉案信息并非因侵权人直接或间接原因而不符合商业秘密要件时（如被公开），则应确保禁令因当事人申请或以其他方式而不发生效力。第13条第1款规定，成员可限制禁令适用时间，但必须确保禁令期限内足以消除侵权人因侵害商业秘密行为所获得的经济上的优势。因此，欧盟法上明确排除了“禁止使用原则”的适用，同时允许成员自主选择类似美国法上的“扣除领先时间原则”。具体而言，原则上法院可以颁布禁令直至商业秘密被公开为止，公开之后原则上禁令不再适用，但侵权人却可能因其披露行为而不当获利，故仅在商业秘密非直接或间接因侵权人公开的情形下，禁令才不再发生效力。除此之外，成员可限制禁令适用时间，但该时间内必须足以消除侵权人因其侵权行为所获得的不正当商业优势。虽然《指令》没有明确如何确定消除不正当商业优势，但第13条第1款和第2款采取了与美国《统一商业秘密法》第2条第a款基本一致的规定，故应认为法院可按照“领先时间”将禁令限制在竞争者独立开发或反向工程获得商

---

[1] 参见李明德：《美国知识产权法》（第2版），法律出版社2014年版，第222～223页。

业秘密的合理时间。[1]

综上所述，关于商业秘密停止侵害的时限，理论上存在三种路径：第一，从维护善意商业道德或义务理论出发，应要求被告永久停止侵害，而无论其事后公开与否；第二，从财产理论出发，只要持有人商业秘密存续，被告即应停止侵害，如果其嗣后被公开而不受法律保护，停止侵害则不具有必要性；第三，从促进竞争和避免被告不当获利出发，可以由法院事先确定独立开发或反向工程获得商业秘密的合理时间，以此作为停止侵害期限。我国《反不正当竞争法》虽然未就商业秘密停止侵权规则作出特殊规定，但根据司法解释，我国目前应以“允许使用原则”为一般规则，同时授予法院在“明显不合理”的情况下适用扣除“领先时间”原则的自由裁量权。本案即依该规定确定停止侵害期限为2年，即从客户名单信息价值性出发确定的2年期限。

三、以往司法实践

在商业秘密侵权停止侵害判定中，法院一般采用“允许使用原则”，要求停止侵权至商业秘密进入公开状态为止。国内较早适用扣除领先时间原则的是1998年的富士宝家用电器有限公司诉家乐仕电器有限公司商业秘密侵权纠纷案。广东省佛山市中级人民法院一审判决被告“在判决生效后2年内，不得利用原告的经营信息、销售网络”，被告上诉被广东省高级人民法院驳回，该案1999年入选为最高人民法院公报案例。[2] 此后，最高人民法院在2007年《不正当竞争司法解释》中正式引入了该例外规则，2020年《商业秘密司法解释》也作出了相同规定。

实践中，扣除“领先时间”原则主要应用于营业秘密保护，目前尚未检索

---

〔1〕 MüKoUWG/Namysłowska, 3. Aufl. 2020, Geheimnisschutz-RL Art. 12 Rn. 4 – 12; Natalja Sosnova, EU Directive Proposal: Trade Secret, 20 Marq. Intellectual Property L. Rev. 45 (2016).

〔2〕 参见富士宝家用电器有限公司诉家乐仕电器有限公司专利侵权及侵犯商业秘密纠纷案，载《中华人民共和国最高人民法院公报》1999年第2期。

到技术秘密适用该规则的案例。不同法院就此规则的适用存在不同立场：有的案件法院仅判定被告停止侵权而未限定期限，如在宁夏正洋物产进出口有限公司与宁夏福民蔬菜脱水集团有限公司侵犯商业秘密纠纷案中，最高人民法院认定，被告作为企业雇员，与原告保密协议中虽未约定保密期限，但应"在合理的期间内以默示的方式保守"原告营业秘密，就该合理期间的长度，法院未作出认定，而是概括地判定被告停止侵害。[1] 有的法院则较为明确地规定停止侵权期限，具体分为两种情况：(1)当事人明确保密期限的，依当事人约定确定停止侵害期限，如在上海鼎彩塑料科技有限公司诉张某某等侵害商业秘密纠纷案中，双方约定被告离职10年内不得泄密，法院依此要求被告在10年内不得披露该营业秘密。[2] (2)当事人未明确约定的，由法院酌情确定停止侵害期限。如在上海某通信公司与上海某机电设备公司侵害商业秘密案中，法院判定："鉴于《反不正当竞争法》不仅制止不正当竞争行为，更在于鼓励和保护公平竞争，本案中原告掌握××公司客户信息的具体信息随着时间推移必然会发生变化，不设限期予以保密则无必要，故本院综合考量原告某某公司获取该客户信息的难度大小、保护原告享有该客户信息竞争优势的合理期限、平衡商业秘密权利人和社会公众之间的利益等因素，判定在2013年12月31日前，涉案被告不得侵害原告享有的涉案商业秘密。"[3]

四、判决的价值参考

本案中，法院明确了虽然商业秘密不存在类似知识产权的法定期限限制，但在该秘密信息价值存在一定期限的情况下，可以主动事先确定停止侵

---

[1] 参见最高人民法院民事判决书，(2007)民三终字第1号。
[2] 参见上海市第二中级人民法院民事判决书，(2007)沪二中民五(知)初字第73号。
[3] 参见上海市徐汇区人民法院民事判决书，(2012)徐民三(知)初字第23号。

权期限，该判决可以为《不正当竞争司法解释》第16条规定例外所支持。但由于司法解释规定例外以停止侵害时间“明显不合理”为前提，各地法院就停止侵害时间判定立场不一。如何理解该“明显不合理”条件，该规则是否意味着我国借鉴了扣除“领先时间”原则，即允许法院可依据独立开发或反向工程获取商业秘密的合理时间确定停止侵害期限，以及是否还存在确定考量要素（如在本案中即依据经营信息的时效性），尚须进一步探讨。

021

侵害商业秘密惩罚性赔偿的适用规则 / 张浩然

广州天赐高新材料股份有限公司与安徽纽曼精细化工有限公司等侵害商业秘密纠纷案 / 最高人民法院民事判决书，(2019) 最高法知民终562号

事实概要

广州天赐高新材料股份有限公司(一审原告、二审上诉人,以下简称X)主要从事卡波产品技术的自主研发,华某作为卡波产品研发负责人,X与华某签订《商业保密、竞业限制协议》。华某在任职期间违反X秘密管理制度,获取卡波生产工艺资料提供给安徽纽曼精细化工有限公司(一审被告、二审上诉人,以下简称Y),与刘某、朱某、胡某在明知可能侵犯X商业秘密的前提下,依据X生产工艺图纸为Y研发卡波产品,Y进而生产出卡波产品并向国内外销售。X因此向一审法院起诉,主张Y、华某、刘某、朱某、胡某共同侵犯其商业秘密。一审判定被告侵犯商业秘密成立、且获利巨大,判决被告停止侵害涉案商业秘密,适用2.5倍惩罚性赔偿判决Y赔偿损失3000万元。原被告均不服一审判决向最高人民法院(以下简称最高法院)提起上诉。

判决要旨

最高法院认为,Y、华某、刘某、朱某共同侵害了X的商业秘密,认定应停止侵害并赔偿损失。关于损害赔偿数额,由于X实际损失无法查清,可依侵权人所获利益确定。依据Y销售数额、X利润率可酌定涉案技术利润贡献,从而确

定侵权获利为600万元；由于本案被告恶意侵权且情节严重，对其适用5倍惩罚性赔偿，即赔偿X损失3000万元。最高法院在该案中具体阐明了惩罚性赔偿的认定标准，即应当从主观上被告是否存在恶意侵权、客观上是否情节严重加以确定，判断是否构成"情节严重"时，被诉侵权人是否以侵权为业、侵权行为是否构成刑事犯罪、诉讼中是否存在举证妨碍、侵权受损或者侵权获利数额、侵权规模、侵权持续时间等，均可作为考量因素。

评 析

一、判决思路和意义

2019年4月23日，《反不正当竞争法》修改引入了惩罚性赔偿制度，本案是最高法院适用该制度的首例案件。本案中，最高法院的判决阐明了以下问题：(1)惩罚性赔偿功能在于"强化法律威慑力，打击恶意严重侵权行为，威慑、阻吓未来或潜在侵权人，有效保护创新活动"；(2)惩罚性赔偿应从侵权人主观恶意和客观情节加以考量，在判断是否构成"情节严重"时，被诉侵权人是否以侵权为业、侵权行为是否构成刑事犯罪、诉讼中是否存在举证妨碍行为、侵权受损或者侵权获利数额、侵权规模、侵权持续时间等，均可以作为考量因素；(3)惩罚性赔偿应以实际损失或侵权获利为计算基数。由于就损失或获利当事人难以举证且法院难以查明，惩罚性赔偿制度引入以后，大部分案件仍然适用法定赔偿而非惩罚性赔偿，本案中，最高法院确定在无法查明时，可依据在案事实和证据酌定损失或获利，进而适用惩罚性赔偿。在立法对惩罚性赔偿适用标准不明确的背景下，本案对商业秘密案件惩罚性赔偿的适用方式做出了尝试。

二、商业秘密惩罚性赔偿的规范及学理

《民法典》第1185条规定，"故意侵害他人知识产权，情节严重的，被侵权人有权请求相应的惩罚性赔偿”,《反不正当竞争法》第 17 条第 3 款规定,“经营者恶意实施侵犯商业秘密行为,情节严重的”,法院可以依权利人实际损失或侵权人获利确定数额的 1 倍以上 5 倍以下确定赔偿数额。2021 年 3 月 3 日,最高人民法院《关于审理侵害知识产权民事案件适用惩罚性赔偿的解释》(法释〔2021〕4 号,以下简称《司法解释》)对惩罚性赔偿在整个知识产权领域适用中的争议性问题予以了明确。首先,对于主观要件是“故意”还是“恶意”,有观点提出恶意比故意主观恶性更严重。[1] 由于实践中故意与恶意常常难以精准区分,《司法解释》为避免误解在第 1 条规定反不正当竞争法的“恶意”即为“故意”。[2] 因此,《司法解释》第 3 条规定了主观故意的认定因素,即“人民法院应当综合考虑被侵害知识产权客体类型、权利状态和相关产品知名度、被告与原告或者利害关系人之间的关系等因素”,包括被告收到通知、警告后仍继续实施停止侵权行为,原告与被告存在业务往来、合同关系等。其次,关于“情节严重”的认定,《司法解释》第 4 条规定,“人民法院应当综合考虑侵权手段、次数,侵权行为的持续时间、地域范围、规模、后果,侵权人在诉讼中的行为等因素”,包括被行政处罚或司法裁判承担责任后再次实施侵权行为、以侵权为业、伪造、隐匿、损害证据、拒不履行保全裁定、获利或损失巨大等。最后,《司法解释》第 5 条规定,惩罚性赔偿应以实际损失或侵权获利为基数。

理论界也从以上方面进行了建构,有学者将知识产权领域惩罚性赔偿的适用归纳为四个要件:原告提出请求、惩罚性赔偿的基数可以确定、侵害人的主观故意可以证明、侵权情节严重有适用的必要性。主观故意主要包括“事前知悉”和“事后继续”,情节严重一般指侵权行为性质、后果、影响恶

---

〔1〕 参见韩俊英:《商业秘密侵权惩罚性赔偿问题研究》,载《情报杂志》2017 年第 5 期。

〔2〕 参见林广海、李剑、秦元明:《〈关于审理侵害知识产权民事案件适用惩罚性赔偿的解释〉的理解和适用》,载《人民司法》2021 年第 10 期。

劣，惩罚性赔偿的适用应考虑比例原则和判决执行可能性。[1] 以上司法解释与理论主张就惩罚性赔偿提出的考量因素并不存在实质性分歧，其适用很大程度上需要法院依据个案事实证据进行具体认定和综合考量，本案中法院提出的是否以侵权为业、举证妨碍行为、侵权规模、获利数额、持续时间等因素，也与之具有一致性。

为加强商业秘密保护，立法不仅规定了惩罚性赔偿，还对侵犯商业秘密行为规定了行政处罚或刑事处罚。最高法院在本案中指出，惩罚性赔偿的目的在于“强化法律威慑力，打击恶意严重侵权行为，威慑、阻吓未来或潜在侵权人”，这与行政、刑事处罚在功能存在一定重合，因此，当侵权人被判处行政处罚或刑罚后是否适用惩罚性赔偿，理论上存在争议。有学者认为，知识产权法中惩罚性赔偿的实际目的并非在于惩罚，而是在知识产权边界模糊背景下为实现个案的完全补偿。[2] 依此观点，民事惩罚性赔偿与行政、刑事处罚并行不悖。也有学者认为，惩罚性赔偿不同于一般民事责任为补偿受害人损失，而是为发挥惩罚和威慑功能，本质上是公法借助私法规范遁入其中的“处罚”，故在适用惩罚性赔偿时应兼顾刑事或行政措施。[3] 本案中，被告华某、刘某、朱某也曾主张承担刑事责任后不再承担损害赔偿的连带责任，但最高法院并未采纳，即采取行政、刑事责任并不影响惩罚性赔偿适用的立场。《司法解释》第6条也对此确认：“因同一侵权行为已经被处以行政罚款或者刑事罚金且执行完毕，被告主张减免惩罚性赔偿责任的，人民法院不予支持，但在确定前款所称倍数时可以综合考虑。”

---

〔1〕 参见管育鹰：《试析知识产权惩罚性赔偿的适用条件》，载《法律适用》2021年第1期；张广良：《知识产权损害赔偿惩罚体系的构建》，载《法学》2020年第5期。

〔2〕 参见蒋舸：《著作权法与专利法中“惩罚性赔偿”之非惩罚性》，载《法学研究》2015年第6期。

〔3〕 参见朱广新：《惩罚性赔偿制度的演进与适用》，载《中国社会科学》2014年第3期；易健雄、邓宏光：《应在知识产权领域引入惩罚性赔偿》，载《法律适用》2009年第4期。

三、以往司法实践

截至目前，我国知识产权惩罚性赔偿主要适用于商标领域。例如，2021年3月，最高法院发布的“侵害知识产权民事案件适用惩罚性赔偿典型案例”中，仅本案为商业秘密案件，其他6件全部为商标侵权案件。截至2021年4月19日，除本案外，能检索到的另一起商业秘密惩罚性赔偿案件是重庆慢牛工商咨询有限公司与重庆亿联金汇企业管理咨询有限公司等侵害商业秘密纠纷案。[1] 法院在该案中认定，“鉴于二被告买卖原告商业秘密，通过非法交易从中牟利，共同实施侵犯原告商业秘密的不正当竞争行为的主观恶意明显，法院决定对二被告适用惩罚性赔偿标准”，对惩罚性赔偿的适用标准并未过多探讨。除此之外，各地法院的司法文件中对惩罚性赔偿的适用条件进行了解释和细化，如北京市高级人民法院知识产权法庭2020年4月发布的《关于侵害知识产权及不正当竞争案件确定损害赔偿的指导意见及法定赔偿的裁判标准》中，就惩罚性赔偿适用条件规定，“‘恶意’一般为直接故意，‘情节严重’一般是指被诉行为造成了严重损害后果”；“恶意”考量要素包括权利人警告、行政处罚、判决侵权后继续侵权，隐匿、伪造、毁灭证据，拒不履行保全裁定等；“情节严重”考量要素包括“以侵权为业”“持续时间长”“获利数额巨大”“多次侵犯他人商业秘密或侵犯他人多项商业秘密”“严重损害公共利益”等。

就惩罚性损害赔偿与行政、刑事责任适用关系而言，司法实践中存在不同立场，例如，在2007年宁夏正洋物产进出口有限公司与宁夏福民蔬菜脱水集团有限公司侵犯商业秘密纠纷案中，一审法院认为，因被告马某某、刘某已被追究刑事责任并判处经济处罚，故在该案中不再承担民事责任；被告福民公司作为侵权人，应当承担给正洋公司造成经济损失的民事赔偿责任。

---

〔1〕 参见重庆市第五中级人民法院民事判决书，(2019)渝05民初1225号。

最高法院二审时对此进行了确认。[1] 在广东省消费者委员会与史某某、洪某某消费者民事公益诉讼案中,虽然涉及的是食品安全法上的惩罚性赔偿条款,但法院试图在该案中阐明惩罚性赔偿与行政、刑事责任的关系。广州市中级人民法院认为,根据行政处罚法,性质相同的金钱罚,即行政罚款和刑事罚金竞合时,一般采用轻罚在重罚中折抵的原则,避免惩罚的过度。惩罚性赔偿金与行政罚款、刑事罚金同属惩罚性债权,只不过前者是私法债权,后两者是公法债权,故惩罚性赔偿事实上与行政罚款、刑事罚金类似,可在处罚重叠时予以折扣。[2] 但在有的案件中,承担行政、刑事责任成为法院认定"情节严重"、判定惩罚性赔偿的考量因素,如在五粮液公司与徐中华等侵害商标权纠纷案中,在徐某某等人曾因销售假冒"五粮液"商品被行政处罚和刑事处罚的情形下,一审、二审法院考量被诉侵权行为模式、持续时间等因素,认定其基本以侵权为业,判令承担 2 倍的惩罚性赔偿责任。[3]

四、判决的价值参考

2019 年《反不正当竞争法》引入了惩罚性赔偿制度后,商业秘密侵权惩罚性赔偿的适用标准并不明确,本案作为最高法院"知识产权侵权惩罚性赔偿第一案",阐明了惩罚性赔偿的制度目标、适用标准和考量要素,在立法确定惩罚性赔偿应以损失或获利为基数,但当事人往往难以查明实际损失或获利,在司法实践偏向适用法定赔偿而较少适用惩罚性赔偿的情况下,最高法院采取了依据在案事实和证据酌定损失或获利而适用惩罚性赔偿,解决了实践中的难题。同时,最高法院在本案中确定惩罚性赔偿与刑事责任承担互不影响,但惩罚性赔偿的功能在于"强化法律威慑力",与公法职能存在

---

〔1〕 参见最高人民法院民事判决书,(2007)民三终字第 1 号。
〔2〕 参见广东省广州市中级人民法院民事判决书,(2017)粤 01 民初 386 号。
〔3〕 参见浙江省杭州市中级人民法院民事判决书,(2020)浙 01 民终 5872 号。

一定重叠，尤其是在最高人民法院、最高人民检察院《关于办理侵犯知识产权刑事案件具体应用法律若干问题的解释（三）》（法释〔2020〕10号）将侵犯商业秘密入罪金额调整至“三十万元以上”后，大量商业秘密侵权案件将落入刑法规制范畴，如何协调刑事处罚与惩罚性赔偿的适用关系，从而避免过度保护，应当成为未来进一步研究的课题。

《反不正当竞争法》第12条：互联网不正当竞争行为

022

插入链接、强制跳转行为的不正当竞争认定 / 李阁霞

杭州迪火科技有限公司与北京三快科技有限公司不正当竞争纠纷案/
北京知识产权法院民事判决书,(2018)京73民初960号

事实概要

杭州迪火科技有限公司(原告,以下简称X)从事云计算餐饮软件系统的研发和应用,其基于安卓系统开发出二维火"智能收银一体机"系统(以下简称二维火系统)用于餐饮店铺的点餐、收银管理。X诉称,北京三快科技有限公司(被告,以下简称Y)通过其开发的"美团小白盒"(以下简称小白盒)硬件销售及软件服务非法侵入原告运营的二维火系统,恶意劫持用户的第三方支付流量,构成不正当竞争。X主张:第一,二维火系统设置有"白名单密码"机制,而Y运营的小白盒插件利用X作为商业秘密保护的安装包包名中的"com. zmsoft."字符段,突破了原告的安全设施,非法安装并运行在原告的二维火系统中,侵害商业秘密。第二,Y利用技术手段在X的二维火系统中非法安装运行小白盒软件,未经X同意在X合法提供的网络产品或服务中插入链接、强制进行目标跳转,妨碍,影响用户选择,违反《反不正当竞争法》第12条的规定。第三,Y通过小白盒监控读取用户"实收金额"数据,劫持本属于X的支付流量,违反了《反不正当竞争法》第2条规定的诚信原则和商业道德。Y辩称:第一,X利用安卓系统硬件的底层权限独占应用分发渠道构建"封闭系统",限制用户自主选择排除其他支付产品参与自由竞争的行为,不具有正当性。第二,X的二维火系统在客观上并非封闭系统,其安装包包名公开可见,Y不侵犯X的商业秘密。第三,X对"实收金额"数据

不存在应受法律保护的合法权益，小白盒收银通道由用户自主选择，不影响用户选择使用二维火系统的原有支付结算通道；Y 经用户授权读取数据，不构成劫持流量，未对 X 造成实际损害，并不违反行业公认的商业道德。

判决要旨

北京知识产权法院判定，被告构成不正当竞争。

法院认为，本案中，X、Y 同属于餐饮业务服务提供商，二者在经营领域存在竞争关系，属于同业竞争者。其裁判要点包括：(1) X 虽主张其限制未经其许可的第三方软件直接安装在其二维火系统中，客观上亦对其系统采取了封闭措施，但根据 Y 提交的证据，X 主张的采取封闭措施的安装包包名可以通过公开渠道获得，该信息不构成"不为公众所知悉"，故 X 关于 Y 侵害其商业秘密的主张不能成立。(2) X 在系统中设置了包名规则，意味着其系统未经许可不能随意突破，尤其是对具有相同收银功能的 Y 软件。Y 的小白盒插件安装于 X 的系统后，并非基于用户的操作被动启动，而是通过监控 X 的收款程序运行，以悬浮窗的形式依附于 X 的系统之上，具有诱导用户使用小白盒的明显意图。用户在点击了浮窗后支付页面会自动跳转至小白盒操作页面，X 的收款程序随之中断，显然起到了妨碍 X 系统正常运行的效果。因此，虽然 Y 的小白盒程序系经用户授权、选择而运行，但根据《反不正当竞争法》第 12 条第 2 款第 1 项规定，经营者在他人合法提供的网络产品或服务正在运行的过程中，如需插入或强制进行目标跳转，应经该网络产品或服务经营者的同意，而在本案中，Y 的行为均未经 X 同意。综上，法院认定 Y 的涉案行为违反了《反不正当竞争法》第 12 条第 2 款第 1 项、第 4 项的规定。(3) 法院认为，《反不正当竞争法》第 2 条作为一般条款，只有在该法对某种涉诉竞争行为未作特别规定的情况下适用，在涉诉行为已被法院认定为违反《反不正当竞争法》第 12 条的情形下，法院不再对被告是否违反该法第 2 条作出评述。

评 析

一、判决思路和意义

本案中，法院认定Y行为构成不正当竞争，并认为该行为同时违反《反不正当竞争法》第12条第2款第1项、第4项，构成“妨碍、破坏其他经营者合法提供的网络产品或者服务正常运行”。对于被告抗辩其软件的每一步操作均经过了用户授权，系用户自主选择的结果，法院认为即便如此，Y行为依然具有不法性，因为根据《反不正当竞争法》第12条第2款第1项规定，经营者在他人合法提供的网络产品或服务正在运行的过程中，如需插入或强制进行目标跳转，应经该网络产品或服务经营者的同意，而Y并未获得X同意。本案判决遵循了该类案件绝大多数判决的思路。不过，值得关注的是，杭州市中级人民法院针对同样当事人、同样案情却作出了截然相反的判决，[1]体现了不同的法院或者法官对于《反不正当竞争法》“互联网专条”的理解已经开始出现分歧。本判决的意义主要在于通过两个基本相同案件的对比参照，促使立法和司法机关思考如何完善和适用“互联网专条”。

二、相关规范及学理

本案判决的依据是被称为“互联网专条”的《反不正当竞争法》第12条。对于“互联网专条”的立法目的，根据原国家工商行政管理总局局长在第十二届全国人民代表大会常务委员会第二十六次会议上所作的《关于〈中华人民共和国反不正当竞争法（修订草案）〉的说明》，系“根据互联网领域反不正当竞争的客观需要，增加互联网不正当竞争行为条款，规定经营者不得利用技术手段在互联网领域从事影响用户选择、干扰其他经营者正常经营的行为，并具体规定应予禁止的行为”。“互联网专条”的颁布，改变了法院动辄运用《反不正当竞争法》第2条“一般条款”裁判技术类互联网不正当竞争

[1] 参见浙江省杭州市中级人民法院民事判决书，(2018)浙01民初3166号。

案件的司法倾向，为互联网不正当竞争案件的解决发挥了积极作用。不过，有学者批评该条至少存在两个问题：第一，反不正当竞争法是对智力活动成果的保护，而非技术措施的保护；第二，该条违反了知识产权立法中的"技术中立"原则，该条采用了互联网领域的许多技术术语，而随着技术的发展，一旦这些技术术语过时，立法机关就会面临再次修法的问题。[1] 另外，"互联网专条"在立法语言上的模糊性会引发司法裁判的不确定性。

本案涉及该条第2款第1项规范的行为，即"插入链接、强制进行目标跳转"。对该项参与立法者的解读是："如用户在使用某款搜索引擎进行关键词搜索时，其他经营者在搜索结果页面出现前插入广告页面并持续数秒。期间，点击该广告页面即跳转至广告宣传网站新窗口，不点击则数秒钟后自行展现搜索结果页面。这种情况就属于未经同意插入链接的不正当竞争行为。"[2] 但立法规制的行为，到底是需要同时满足"插入链接、强制进行目标跳转"，还是包括"插入链接"和"强制进行目标跳转"二者，或是上述三种情形都包括，从立法语言上并不能当然得出结论。有学者认为，这需要取决于实践中的实际情形，可以灵活掌握。[3] 该项规定的前提条件是"未经其他经营者同意"，所以，即便经用户同意，在其他经营者合法提供的网络产品或服务中插入链接、强制进行目标跳转，也会构成不正当竞争；这样的立法规定是否赋予强势产品和企业以法律武器建立完全封闭的体系、导致用户选择权的消弱？对此，有学者认为，允许插入链接或是对其他经营者产品实现兼容，都并非经营者的法定义务，经营者有权拒绝插入链接或实现不兼容，除非其具备市场支配地位，而上述行为涉嫌垄断。[4]

---

〔1〕 参见李明德：《关于〈反不正当竞争法〉修订的几个问题》，载《知识产权》2017年第6期。

〔2〕 王瑞贺：《中华人民共和国反不正当竞争法释义》，法律出版社2018年版，第45页。

〔3〕 参见孔祥俊：《反不正当竞争法新原理：分论》，法律出版社2019年版，第533页。

〔4〕 参见李阁霞：《互联网不正当竞争行为分析——兼评〈反不正当竞争法〉中"互联网不正当竞争行为"条款》，载《知识产权》2018年第2期。

三、以往司法实践

在2017年《反不正当竞争法》修订前，插入链接、进行目标跳转的案件就已经多见于司法实践，如百度公司诉搜狗公司不正当竞争纠纷案。[1] 法院认为，当用户在原告的搜索页面下搜索时，其心理预期是通过百度进行搜索，被告的行为系利用用户的使用习惯，诱使用户进入被告提供的搜索页面，不当争夺、减少了百度搜索的商业机会，构成不正当竞争。在另一起案件中，法院认为，被告通过输入法引导用户进入被告经营的搜索引擎网站的行为发生时，用户对原告搜索引擎的使用尚未开始，商业机会也并不必然属于原告，因而被告不构成不正当竞争。[2] 在百度公司诉奥商公司不正当竞争纠纷案中，[3]通过联通青岛公司提供互联网接入服务的网络用户，在登录百度公司的搜索引擎进行关键词搜索时，在正常搜索结果显示前，会自动弹出奥商公司的广告页面，山东省高级人民法院认为该行为构成不正当竞争。可见，被告行为是否构成对原告商业机会的不正当剥夺是裁判时考虑的主要因素。当然，上述案件是在2017年《反不正当竞争法》修订前发生的，"互联网专条"尚未颁布，因而法院都是根据第2条予以裁判。

"互联网专条"生效后，在由浙江省杭州市中级人民法院审理的与本案同样案情、同样当事人的另一起案件中，[4]法院认为：首先，被告在安装"美团收款"应用时已获得用户关于"悬浮于其他应用至上"等多项权限，当用户点击该图标选择收款时，并不影响原告二维火收银系统的正常操作，所以，"美团收款"并未主动、强行在二维火收银系统中插入链接，强制进行目标跳转，去影响用户的选择；反之，其只是向用户提供了选项，由有相应需求的用

---

[1] 参见北京市海淀区人民法院民事判决书，(2015)海民(知)初字第4135号。

[2] 参见北京知识产权法院民事判决书，(2015)京知民终字第557号。

[3] 参见山东省高级人民法院民事判决书，(2010)鲁民三终字第52号。

[4] 参见浙江省杭州市中级人民法院民事判决书，(2018)浙01民初3166号。

户自行进行选择。其次，在案并无证据表明“美团收款”在安装或运行过程中存在“误导、欺骗、强迫”用户的行为，相反，根据在案证据，“美团收款”在安装与设置过程中均明确提示用户其需要获取的权限，是在用户自行选择授予相应权限之后方可完成上述功能。因此，被告不存在《反不正当竞争法》第12条第2款第1项、第2项规制的不正当竞争行为。可见，法院解读法律时，着眼于经营者行为是否系“通过影响用户选择或者其他方式”，只要是用户主动选择，就不能仅以未经经营者同意为由认定竞争对手的行为构成不正当竞争。该判决同时对是否适用“互联网专条”兜底条款第12条第2款第4项进行了详细阐述。法院认为：首先，该项规定与《反不正当竞争法》第2条一般条款一样，在适用时应以诚实信用原则及公认的商业道德为标准对行为本身进行评价，而不是以一种类似保护绝对权的思路，从权利是否存在、是否遭受侵害、是否受到损失、侵害行为与损失之间的因果关系等角度去作要件评判。该案诉争App具有实质性非侵权用途，被告通过公开途径获得原告系统安装包命名规则，并由用户主动安装到原告系统中，其运作也是基于用户授权，因而被告行为不具有违法性。其次，原告就收银流水不具有垄断性法益。原告不应因其提供了一种收银机，或一款收银应用就享有了垄断用户支付方式、要求用户交易流水必须经其之手的权利，所以被告也未损害原告法益，而消费者利益也并未受到损害，反而会因为经营者的竞争行为获得更多选择可能。最后，法院认为，对于通过技术手段即可实现控制的行为，法律理应保持一定谦抑，不宜随意干涉。由此，法院认为被告行为未违反《反不正当竞争法》第2条和第12条第2款第4项的规定。

四、判决的价值参考

本判决与上文浙江省杭州市中级人民法院作出的判决传递出面对市场竞争的两种不同的价值趋向：一种侧重于法律对市场竞争的深度介入，另一种则侧重于对自由竞争行为有限度的放任。从“互联网专条”的立法目的及规范表达来看,笔者在对互联网竞争的态度更倾向于前者。从目前涉互联网不正当竞争案件的裁判结果来看,多数判决也秉持这一理念。但是,这两个判决无疑对于将来该类案件的裁判提供了两种不同的范式,而后者更是表达了对过度适用“互联网专条”有可能损害自由竞争的有限度反思。由此,在理论研究上,有必要对“互联网专条”从立法目的、法律规范表达以及司法适用的边界等各方面,进行全方位的重新检视。

023

分时出租 VIP 账号的不正当竞争认定 / 李阁霞

杭州龙境科技有限公司等与北京爱奇艺科技有限公司不正当竞争纠纷案 / 北京知识产权法院民事判决书,(2019)京73民终3263号

事实概要

北京爱奇艺科技有限公司(一审原告、被上诉人,以下简称X)系爱奇艺网、手机端爱奇艺App的运营主体,以此向用户提供网络视频服务。杭州龙魂网络科技有限公司、杭州龙境科技有限公司(一审被告、上诉人,以下简称Y)通过流化技术在其经营的“马上玩”App中将其爱奇艺VIP账号分时出租,使其用户无须向X付费即可接受爱奇艺VIP视频服务,并对涉案App中的爱奇艺视频播放界面部分功能进行限制。X主张,Y既损害了X的付费会员制度,也使公众误认为爱奇艺App存在缺陷,导致用户体验下降,违反了2017年《反不正当竞争法》第12条第2款第4项、第2条的规定,构成不正当竞争。Y则认为,双方不存在竞争关系,其系合法取得爱奇艺VIP账号使用权且账号一直由其控制,涉案App只是利用了新技术,建立了充分利用爱奇艺VIP账号使用时长的新型商业模式,既不存在对X重要经营资源的恶意“搭便车”行为,未扰乱X的正常经营活动,也未对爱奇艺App原生界面进行功能限制,未损害X的利益,不构成不正当竞争。一审法院支持原告主张,认定Y行为构成不正当竞争。Y不服一审判决提起上诉。

判决要旨

北京知识产权法院驳回上诉，维持原判。

二审法院认为，第一，互联网经济模式有别于传统经济模式，用户流量等资源实现了在不同行业或产业间的交互融合，竞争也从同行业经营者扩展到非同业经营者。因此，在互联网经济模式下，只要双方在具体的经营行为、最终利益方面存在竞争关系，亦应认定两者存在竞争关系。Y提供分时出租服务的涉案行为，在增加自身网络用户时，必然会使X网络用户减少，从而对其经营利益产生直接影响，因而与X构成竞争关系。第二，Y明知X的VIP付费制度，但仍利用流化技术将爱奇艺VIP账号分时段出租给涉案App的用户，使其无须向X付费即可接受爱奇艺VIP视频服务；在X发送侵权通知后，Y对涉案App中爱奇艺视频所处位置进行多次调整且逐渐隐蔽化，主观恶意明显。第三，Y违背X《用户协议》《VIP协议》中对爱奇艺VIP付费会员使用行为的限制，在涉案App中将爱奇艺VIP账号分时出租给普通用户；同时，通过技术手段在涉案App中对爱奇艺App的部分播放设置功能进行限制，具有不正当性和可责性。第四，Y通过被诉行为既获得了直接的现金充值经济利益，又获得了网络用户流量，增加了交易机会；该行为干扰了X的运营模式和盈利方式，直接损害了X基于VIP视频服务所产生的经营收益。从长远看，这种行为将逐步降低市场活力，破坏竞争秩序和机制，阻碍网络视频市场的正常、有序发展，并最终造成消费者福祉的减损。综上，一审判决认定Y构成不正当竞争，二审法院对此予以确认。

评 析

一、判决思路和意义

本案是我国首例关于分时出租视频网站会员账号使用时长的网络不正当竞争纠纷案件，分时出租经营模式有利于帮助竞争平台积累流量，所以对经营者具有一定的吸引力,但这种模式是否正当？本案判决对今后可能发生的涉及类似争议的裁判具有一定的参考价值。

两审法院的裁判思路皆为首先考虑双方是否存在竞争关系,其次认定涉案行为是否具有不正当性。两审法院都认为,在互联网经济模式下,竞争关系不应局限于同业竞争,只要经营者的行为影响了其他经营者的经营利益,即成立竞争关系,落入反不正当竞争法的调整范围。对于涉案行为是否具有不当性,一审法院对涉案行为的两个方面分别进行了分析,认为分时出租视频网站 VIP 账号的行为扰乱了原告的正常经营活动,系对原告重要经营资源的恶意“搭便车”行为,破坏了原告对 VIP 账号设置的权限,并通过该行为获利,因而具有不正当性。对于限制视频软件用户端部分播放功能,法院认为,该功能限制针对原告 App 实施,会导致用户误认为原告无法提供 VIP 视频的缓存或分享等服务,影响用户对原告 App 的服务评价和用户体验,损害原告利益。二审法院的结论虽然与一审法院一致,但并未具体区分两种行为的性质,而是结合《反不正当竞争法》第 12 条第 2 款第 4 项的规定,分别从技术手段、主观过错、行为可责性以及损害其他经营者合法利益四个方面,认定涉案行为具有不正当性。

二、规范及学理

2017 年修订的《反不正当竞争法》第 12 条第 2 款规定:“经营者不得利用技术手段,通过影响用户选择或者其他方式,实施下列妨碍、破坏其他经营者合法提供的网络产品或者服务正常运行的行为:……(四)其他妨碍、破坏其他经营者合法提供的网络产品或者服务正常运行的行为。”在该法修订前,涉及互联网不正当竞争案件,很多法院依据该法第 2 条的“一般条款”来裁判案件。修订后的“互联网专条”专门用来规范互联网领域的不正当竞争纠纷,该条第 2 款前三项列举了具体的不正当竞争行为,但由于互联网领域的新业态层出不穷，为了将更多互联网竞争行为纳入该条予以规范，立法又规定了第4项，作为规制互联网不正当竞争行为的兜底条款。不过，有学者认为，市场竞争本身就是损害性市场行为，妨害和破坏行为往往是常态，其本身通常不具有正当性，第4项的规定范围过宽，涵盖了正当竞争行为。[1] 有学者担心，这一规定会使互联网巨头以破坏其合法提供的网络产品或服务"正常运行"为"撒手锏"，限制中小网络企业和初创网络企业的公平竞争。[2] 事实证明，这一担心并非没有依据。还有学者批评，所谓兜底条款本身仍然需要立法或司法上的解释，而理念上的差别会导致法律适用上的偏差，同时会使社会公众对自己行为合法性与否的预期产生判断上的困难，有违法律确定性原则。越是争议较大的领域，越不宜"一兜了之"，更应明确界定合法与非法的界限。[3]

三、以往司法实践

本案被称为我国首例分时出租VIP账号使用时长的网络不正当竞争案件，这意味着以往并无类似案件出现。不过，2018年8月，由杭州互联网法院一审、杭州市中级人民法院二审的淘宝（中国）软件有限公司诉安徽美景信息科技有限公司不正当竞争纠纷案（以下简称淘宝诉美景案），[4] 也发生在被告系租赁平台的情况下，与本案有一定的相似性。淘宝公司开发出一款名为"生意参谋"的大数据产品，面向淘宝、天猫店铺商家出售，帮助其分析市场动态。美景公司经营"咕咕互助平台"软件和"咕咕生意参谋众筹"网

---

[1] 参见孔祥俊：《反不正当竞争法新原理：分论》，法律出版社2019年版，第545页。

[2] 参见郑友德、王活涛：《新修订反不正当竞争法的顶层设计与实施中的疑难问题探讨》，载《知识产权》2018年第1期。

[3] 参见李阁霞：《互联网不正当竞争行为分析——兼评〈反不正当竞争法〉中"互联网不正当竞争行为"条款》，载《知识产权》2018年第2期。

[4] 参见杭州互联网法院民事判决书，(2017)浙8601民初4034号；浙江省杭州市中级人民法院民事判决书，(2018)浙01民终7312号。

站,以提供远程登录已订购涉案数据产品用户电脑技术服务的方式,帮助他人低价获取淘宝公司涉案数据产品中的数据内容,从中牟利。淘宝公司认为,涉案数据产品中的衍生数据系淘宝公司的无形财产,淘宝公司对其享有财产权,涉案行为对涉案数据产品构成实质性替代,恶意破坏了淘宝公司的商业模式,构成不正当竞争。美景公司则认为,涉案数据产品的内容来自用户信息,只有网络用户对其提供的信息才享有财产权,原告无权主张权利。法院认为,美景公司未付出自己的劳动创造,仅是将"生意参谋"数据产品直接作为自己获取商业利益的工具,此种据他人市场成果直接为己所用,从而获取商业利益与竞争优势的行为,明显有悖公认的商业道德,属于不劳而获"搭便车"的不正当竞争行为,如不加禁止将严重挫伤大数据产品开发者的创造积极性,阻碍互联网产业的发展,进而影响广大消费者福祉的改善。因而,法院根据《反不正当竞争法》第2条,判决美景公司构成不正当竞争。

四、判决的价值参考

本案上诉人系将其合法注册并控制的VIP账号出租给其经营的App用户使用,无疑违反了被上诉人通过《用户协议》《VIP协议》对付费会员的使用行为限制的约定,但被上诉人不以违约而是以不正当竞争为由提起诉讼,恰恰代表了当前涉互联网纠纷案件的一种新趋势。将这种行为认定为不正当竞争,归根结底,是对某一种商业模式的绝对保护,而尽管许多判决中强调商业模式不应保护,但认可商业模式所带来的利益不应受到冲击,很难让人看出这二者有何不同。将视频网站的VIP账号提供给他人,无疑会损害视频网站经营者的利益,使其丧失可能的商业机会,这也正是视频网站经营者通过协议不允许付费会员出租、转让VIP账号的原因。但这种以格式条款约定的权利义务关系是否合法,需要看其是否违背法律的限制性规定,如系合法有效约定,违反约定即应承担违约责任。但是,违约行为是否一定构成不正当竞争，违约责任是否适宜用不正当竞争的侵权责任替代，还值得做进一步的研究。尤其是本案被诉行为本质上与技术手段无关，用户通过涉案App观看是否构成“妨碍、破坏其他经营者合法提供的网络产品或者服务正常运行”，也值得探讨。

024

屏蔽广告、绕开技术措施行为的不正当竞争认定 / 李阁霞

深圳乐播科技有限公司与优酷信息技术(北京)有限公司不正当竞争纠纷案 / 北京知识产权法院民事判决书,(2020)京73民终1556号

事实概要

优酷信息技术(北京)有限公司(一审原告、被上诉人,以下简称X)是优酷网的运营商,其运行相关网站向用户提供网络视频服务。其主张,深圳乐播科技有限公司(一审被告、上诉人,以下简称Y)运营的"乐播投屏"App突破了优酷网的免费视频的播放时长限制,并去除了片头广告,攫取了本应属于X的用户流量,给X造成损失,违反了《反不正当竞争法》第12条第2款第4项的规定,构成不正当竞争。Y认可存在涉案被诉行为,但认为其不存在主观故意,因此不构成不正当竞争行为。一审法院支持了X诉讼请求,认定涉案行为构成不正当竞争。Y提起上诉。

判决要旨

北京知识产权法院驳回上诉,维持原判。

对于被诉行为是否构成不正当竞争,法院认为,X免费平台与广告或增值服务相结合的经营模式并不违反《反不正当竞争法》的原则精神和禁止性规定,不会损害社会公众的合法权益,且逐步形成了正常的市场竞争秩序,应受保护。Y经营的"乐播投屏"App在将优酷网的视频内容投屏到电视时,屏蔽了视频片头广告,不受优酷网手机网页播放时长限制,并使普通用户直接观看VIP视频资源,干扰了视频网站的运营模式和盈利方式,既损害了X的经营收益,也会最终

造成消费者福祉的减损，属于利用技术手段对 X 正当经营行为的妨碍、破坏，构成不正当竞争。

评　析

一、判决思路和意义

本案涉及屏蔽广告、绕开技术措施限制的行为是否构成不正当竞争。两审法院的判决结果和判决思路基本一致：首先，肯定原告的经营模式具有合法性，认为依赖该经营模式获取的利益应当受到保护。其次，分析被诉行为具有不正当性，理由主要在于该行为破坏了原告的经营模式，导致原告利益受损，并且从长远来看，会导致消费者福利减损，而被告则通过此种行为获利，构成不正当竞争。本案涉及的行为并非《反不正当竞争法》第 12 条第 2 款前 3 项明确列举的行为，法院以该条的“兜底条款”，即第 4 项的规定作为判决依据，对于该类案件的判决思路具有一定的参考价值。

二、规范及学理

本案判决依据是《反不正当竞争法》第 12 条第 2 款第 4 项的规定，即所谓“互联网专条”的“兜底条款”：“其他妨碍、破坏其他经营者合法提供的网络产品或者服务正常运行的行为。”对于“互联网专条”，有学者认为，该条规定立足于技术措施，违反了知识产权立法中的“技术中立”原则，在《反不正当竞争法》中增设这样一个有关技术措施的条文，并无必要。[1] 对于屏蔽或过滤视频广告类不正当竞争案件，有学者分析，多数案件的核心裁判思路是将“免费 + 广告”类商业模式确定为一种受保护的合法权益，然后认定屏蔽广告行为损害该合法权益以及行为人具有主观过错，据此认定构成不正当竞争。在认定不正当竞争行为时，应回到行为法的模式上，最好不要将“免

---

[1] 参见李明德：《关于〈反不正当竞争法〉修订的几个问题》，载《知识产权》2017 年第 6 期。

费+广告”的商业模式确定为一种静态和特定的合法权益，而将其视为一种竞争秩序，然后再判断屏蔽广告的行为是否具有不正当性，而竞争秩序是需要平衡多元利益的。在此基础上，再分析对经营者和消费者利益的损害，而非从损害经营者和消费者利益简单反推损害竞争秩序。[1]

本判决首先认定“免费+广告/增值服务”的商业模式形成正常的市场竞争秩序，然后认为被告行为干扰了这种经营模式，损害了原告利益和消费者利益，因而构成不正当竞争。究其本质，仍然是将经营模式认定为一种合法利益，所以遵循的是侵权行为的判断模式。对“免费+广告”的经营模式是否应给予反不正当竞争法的支持，虽然绝大多数案件判决都给予了肯定，或者认为这种模式为一种应受保护的合法权益，或者认为这种模式形成的竞争秩序应予维持，但也有不少学者持反对意见，认为对商业模式的保护会导致市场经营者不思进取，反而损害公众利益。对于如果不保护“免费+广告”的商业模式，消费者就无法再观看免费视频，长远来看会损害消费者福祉的观点，反对者认为免费提供产品或服务，本来就不符合市场经济规律，而消费者免费获得产品或服务的消费习惯也不值得鼓励和继续支持。[2]

三、以往司法实践

自2013年以来，屏蔽广告类不正当竞争案件开始多发，有软件屏蔽的，如合一信息技术有限公司诉北京金山安全软件有限公司案，[3]北京百度网讯科技有限公司诉北京奇虎科技有限公司等不正当竞争纠纷案[4]等，用户下载被告开发的浏览器，即可屏蔽原告的视频或页面广告；有软件结合硬件

[1] 参见孔祥俊：《反不正当竞争法新原理：分论》，法律出版社2019年版，第558~568页。

[2] 参见李阁霞：《互联网不正当竞争行为分析——兼评〈反不正当竞争法〉中“互联网不正当竞争行为”条款》，载《知识产权》2018年第2期。

[3] 参见北京市海淀区人民法院民事判决书，(2013)海民初字第13155号；北京市第一中级人民法院民事判决书，(2014)一中民终字第3283号。

[4] 参见北京市东城区人民法院民事判决书，(2013)东民初字第08310号。

屏蔽的，如北京爱奇艺科技有限公司诉北京极科极客科技有限公司不正当竞争纠纷案，[1]北京搜狐互联网信息服务有限公司、飞狐信息技术(天津)有限公司诉珠海市魅族科技有限公司不正当竞争纠纷案[2]等，用户通过被告的路由器上网，就可以屏蔽视频广告。上述案件都是在《反不正当竞争法》修订前审理的，所以法院依据原《反不正当竞争法》第 2 条“诚实信用”的一般条款判定被告构成不正当竞争。在《反不正当竞争法》修订之后，这类案件的裁判依据一般是新法第 12 条。

虽然在屏蔽广告类不正当竞争案件中，大多数判决都认定被告行为构成不正当竞争，但也有少数案件作出了相反判决。如在湖南快乐阳光互动娱乐传媒有限公司诉广州唯思软件股份有限公司不正当竞争纠纷案中，[3]一审法院认为，视频广告拦截技术在互联网中已经长期广泛存在，有助于用户实现自主选择的权利，又迫使广告提供者设法改善用户体验，提高广告产品的服务与质量，从而降低用户的注意力成本，实现用户福利的不断提高。尽管该技术的适用会对某些网站的商业模式造成冲击，但任何商业模式都不是天然存在的，不能因为技术对某种商业模式产生了负面影响，就认定损害他人权益而判断相关技术是不中立的，从价值上予以否定。本案被告唯思公司浏览器中屏蔽视频广告的插件，并非专门针对原告快乐阳光公司的视频广告业务开发，对快乐阳光公司不具有特定的恶意，没有违反行业公约中的禁止性规定，其行为既未违反自愿、平等、公平、诚实信用的原则，也未违背公认的商业道德。在深圳市腾讯计算机系统有限公司诉北京世界星辉科技有限责任公司不正当竞争纠纷案中，[4]一审法院认为，市场竞争具有天

[1] 参见北京市海淀区人民法院民事判决书，(2014)海民(知)初字第 21694 号。

[2] 参见北京市海淀区人民法院民事判决书，(2017)京 0108 民初 55443 号；北京知识产权法院民事判决书，(2020)京 73 民终 1496 号。

[3] 参见广东省广州市黄埔区人民法院民事判决书，(2017)粤 0112 民初 737 号。

[4] 参见北京市朝阳区人民法院民事判决书，(2017)京 0105 民初 70786 号。

然的对抗性，也必然导致损害，但只要该损害不具有直接针对性的特定性损害，就不单独构成评价竞争行为正当性的倾向性要件。被告世界星辉公司的被诉行为是经营者出于市场利益最大化而进行的经营行为，同时也为网络用户自愿选择提供了合理机会。网络用户对浏览器广告屏蔽功能的使用，虽造成广告被浏览次数的减少，但此种减少只损害竞争对手的部分利益、影响部分网络用户的选择，还达不到特定的、影响其生存的程度，不存在对市场的干扰、不构成对腾讯公司利益的根本损害，被诉行为不是不正当竞争行为。由此可见，在认为屏蔽广告行为不构成不正当竞争的判决中，法院的立足点是不给予特定商业模式以反不正当竞争的保护，只要屏蔽行为不针对特定主体，经营者因商业模式被冲击所带来的利益损失就符合市场竞争的规则，并且对提高消费者福利有所助益。但这种判决思路并未成为该类案件的主流意见，并且上述案件的判决结果都被二审法院推翻，终审判决都认为涉案行为构成不正当竞争。

四、判决的价值参考

本案是在《反不正当竞争法》修订之后审理的，与此前绝大多数同类案件不同的是，其裁判依据不再是容易引发争议的《反不正当竞争法》第 2 条关于诚实信用的“一般条款”，而是 2017 年《反不正当竞争法》第 12 条第 2 款第 4 项的规定。在 2017 年《反不正当竞争法》引入“互联网专条”之后，涉互联网技术类案件的判决绝大多数已不再就涉案行为是否违反该法第 2 条进行评价，即便原告主张被告违反该条规定，法院通常也以《反不正当竞争法》中具体条款已有规定为由不予适用，这对于减少一般条款的适用具有参考意义。对于屏蔽广告类不正当竞争纠纷案件，司法实践对涉案行为的评价已经出现截然相反的态度，到底多数案件的判决结果更合理，还是少数案件的判决考量更有利于促进有效竞争，还需要将来在理论研究上作进一步的深入探讨。

025

平台外挂软件的不正当竞争认定 / 李阁霞

腾讯科技(深圳)有限公司等与广州森宝网络科技有限公司等不正当竞争纠纷案/广东省广州市天河区人民法院民事判决书,(2019)粤0106民初40045号

事实概要

腾讯科技(深圳)有限公司、深圳市腾讯计算机系统有限公司(原告,以下简称X)是QQ软件开发和运营商,以此向用户提供即时通信服务。其主张,广州森宝网络科技有限公司(被告,以下简称Y)经营涉案"流量星球QQ营销引流机器人"(以下简称营销引流软件),该软件系完全针对QQ软件开发的营销广告推广软件,具有躲避和干扰监测,同一部手机自动登录多个QQ账号,自动加好友、加群,向好友和群发送广告等功能,但不具独立运行功能,只有在安装QQ软件的基础上才能运行。为躲避和干扰监测,营销引流软件故意避开原告为保护其软件著作权而采取的技术措施、改变了软件权利管理电子信息,影响了QQ软件的正常运行。其具有共同实施不正当竞争行为的合意,且以分工合作方式经营涉案营销引流软件,其行为违反我国反不正当竞争法自愿、平等、公平及诚实信用原则,其竞争方式和手段妨碍、破坏了QQ软件正常运行,损害原告和QQ软件用户的利益,损害了原告的品牌声誉。X要求其立即停止对营销引流软件的研发、制造、宣传、推广、销售及提供服务器运行等服务,停止已销售软件的现有功能及运行,并承担赔偿责任。

Y辩称,涉案营销引流软件从用户市场、运行功能、实际影响来看,不存

在《反不正当竞争法》第 12 条规定的妨碍、破坏腾讯 QQ 正常运行的行为，不构成不正当竞争：从用户市场来看，涉案营销引流软件使用用户依然是 QQ 软件的用户，并没有减少 QQ 用户量；从运行来看，涉案营销引流软件是通过修改安卓底层代码，修改手机 IP 地址、CPU 型号、MAC 地址等实现一部手机安装 200 个 QQ 号，并没有破坏 QQ 软件，没有影响 QQ 软件的运行；从实际影响来看，涉案营销引流软件并没有对原告利益造成实质影响，若原告认为造成不良影响应举证证明，否则承担举证不能的后果。

判决要旨

广东省广州市天河区人民法院判定，被告构成不正当竞争。

法院认为，X 研发并经营 QQ 即时通信服务，Y 从事软件技术推广服务、网络技术研究、开发等业务，与原告之间存在竞争关系。被告行为构成对两原告的不正当竞争，理由如下：第一，QQ 营销机器人采用技术手段，妨碍、破坏原告 QQ 软件的正常运行。QQ 营销机器人通过技术手段对原告 QQ/TIM 软件的运行数据、功能和运行效果进行了干扰，使 QQ/TIM 软件出现正常运行状态下不存在的自动、批量、非人工或非手动加好友、加群、发送信息的效果，取代了 QQ 软件的正常功能，干扰、修改、破坏了原告 QQ 软件非商业目的的正常交流、沟通的社交生态，妨碍、破坏了原告 QQ 软件的正常运行。第二，被告方 QQ 营销机器人软件的变机技术及自动批量加好友加群、发送广告的功能会增加原告 QQ 即时通信服务的数据量和数据流，进而导致原告服务器的运营负担加大，导致原告不得不加大服务器的运营投入；QQ 营销机器人软件规避原告安全检测措施的行为，一方面给原告服务造成安全隐患，另一方面使原告不得不进一步投入升级安全检测措施。第三，原告 QQ 即时通信服务最主要的功能是社交的功能，被告方的 QQ 营销机器人软件会导致原告 QQ 服务中出现较多 QQ 营销机器人用户发布的各类商业广告；此外，因使用QQ营销机器人而产生的QQ账号买卖活动，违反原告用户服务协议中有关“用户不得恶意获取QQ号码”的规定，大量QQ号码资源被占用，会降低原告QQ用户的用户体验；同时，被告的行为可能会造成原告QQ用户误以为这是原告的行为，对原告QQ服务产生不良影响。第四，原告QQ软件拥有庞大的用户群体，可以为原告带来向用户提供增值服务的交易机会、与合作方或广告投放方的交易机会，被告方QQ营销机器人发布商业广告的行为，实际是依托原告庞大的QQ用户资源，利用群控技术争夺QQ用户的注意力，扰乱了原告QQ服务生态秩序，增加自身的市场交易机会并获取市场竞争优势，损害了原告的合法权益。四被告具有共同实施被诉行为的合意，并以分工合作的方式实施了上述行为，构成共同侵权，依照《反不正当竞争法》第12条第2款第4项，四被告研发、制造、宣传、推广、销售QQ营销机器人的行为，妨碍、破坏了两原告向用户合法提供QQ即时通信服务，给两原告造成损害，四被告的行为构成不正当竞争，依法应承担连带责任。

评　析

一、判决思路和意义

本案中，法院认为，被告针对QQ软件开发、宣传、销售营销软件的行为，对原告QQ软件平台生态秩序造成损害，导致原告经营成本增加，丧失商业机会，并降低用户体验，构成不正当竞争。被告主张其经营行为既未减少原告QQ软件的用户数量，也未破坏QQ软件，影响软件的运行，并且未对原告造成不良影响，因而不构成不正当竞争，法院未予采纳。法院在判断涉案行为是否构成不正当竞争时考虑了三点：一是原告是否会因被告行为导致经营成本增加，二是是否会对原告商誉造成不良影响，三是原告是否会因此丧失相应的商业机会。本判决对以“技术中立”为名开发具有针对性的外挂营销软件的行为予以反不正当竞争法的规制,对今后该类案件的审理方向具有一定的参考意义。

二、规范及学理

本案原告主张被告同时违反我国《反不正当竞争法》第 12 条第 2 款第 4 项和第 2 条的规定,但法院仅依据前者判决被告构成不正当竞争,对于被告是否违反《反不正当竞争法》第 2 条未作评述。

关于《反不正当竞争法》第 12 条第 2 款第 4 项的相关学理讨论,前述多个案例中均已经详细介绍,本案例不再重复。

三、以往司法实践

2020 年 9 月,深圳市中级人民法院集中审理了 3 个涉及微信“群控系统”不正当竞争纠纷案,[1] 在这几个案件中,被告针对微信提供具有自动化批量营销功能的外挂软件,产生虚假流量,法院认为,被告行为损害了作为原告的合法权益,也损害了微信软件用户的合法权益,违反了诚实信用原则和公认的商业道德,妨碍、破坏了微信软件服务的正常运行,依据《反不正当竞争法》第 2 条、第 12 条第 1 款、第 2 款第 4 项,作出被告构成不正当竞争的裁判。

四、判决的价值参考

本案系法院出于维护互联网软件平台生态秩序而作出的判决,判决结果与其他类似案件基本一致。由于 QQ、微信等社交软件平台具有巨大的用户黏性,导致许多商家将这类平台作为营销的主要场所,进行广告宣传甚至直接销售,涉案“外挂”软件正是因应这一需求而开发并用于这类平台的。

---

〔1〕 参见广东省深圳市中级人民法院民事判决书,(2019)粤 03 民初 1911 号、(2019)粤 03 民初 1912 号、(2019)粤 03 民初 1913 号。

根据法院查明的事实，这类具有针对性的外挂软件依存于社交软件，采用群发群控的方式从事商业营销，社交软件的用户会因为这种行为受到侵扰，用户体验变差，社交软件的经营者也会因此产生更多的维护成本，并且会损失与合作方或广告投放方的交易机会，因而，法院认定这种行为构成不正当竞争。但是，这种行为是否属于《反不正当竞争法》第 12 条第 2 款第 4 项规范的“其他妨碍、破坏其他经营者合法提供的网络产品或者服务正常运行”的行为，还是有必要作进一步探讨。在类似案件中，群控营销软件依附于社交软件，对于这些软件而言，只有社交软件正常运行，才可以保证其营销目的的实现，其开发软件功能时，一定要避免影响依附社交软件的正常运行，因而认定该行为构成“妨碍、破坏”行为，未免有所牵强。营销软件的目的是进行广告营销。传统的广告营销行为是要经商业平台的许可并支付费用的，但网络环境下，广告商可以凭借技术手段，绕开技术措施而将营销文案发布于网络平台，并通过群控群发的方式达到营销目的，这种违背商业惯例的“搭便车”行为确实损害了他人利益，如果不能用《反不正当竞争法》第 12 条第 2 款予以规制，适用《反不正当竞争法》第 2 条关于诚实信用的“一般条款”是否更为恰当，也值得探讨。前述 3 个涉及“微信群控系统”软件不正当竞争纠纷案，判决结果在本案之后，法院裁判依据除了《反不正当竞争法》第 12 条第 2 款，还有该法第 2 条。对于《反不正当竞争法》“一般条款”的司法适用同样争议很大，所以，涉案行为性质的认定，以及应当适用的法律规范，尚需理论探索。